华章经管

HZBOOKS | Economics Finance Business & Management

华章经典 · 金融投资

精明的投资者

THE SAVVY INVESTOR'S GUIDE TO AVOIDING PITFALLS, FRAUDS, AND SCAMS

[美] H. 肯特·贝克 (H. Kent Baker)
[美] 约翰·R. 诺夫辛格 (John R. Nofsinger) 著　　陈焕华 译
[芬] 韦萨·普托宁 (Vesa Puttonen)

机械工业出版社
China Machine Press

图书在版编目（CIP）数据

精明的投资者/（美）H. 肯特·贝克（H. Kent Baker），（美）约翰 R. 诺夫辛格（John R. Nofsinger），（芬）韦萨·普托宁（Vesa Puttonen）著；陈焕华译 . -- 北京：机械工业出版社，2021.5

（华章经典·金融投资）

书名原文：The Savvy Investor's Guide to Avoiding Pitfalls, Frauds, and Scams

ISBN 978-7-111-67973-8

I. ① 精⋯ II. ① H⋯ ② 约⋯ ③ 韦⋯ ④ 陈⋯ III. ① 金融投资 IV. ① F830.59

中国版本图书馆 CIP 数据核字（2021）第 096718 号

本书版权登记号：图字 01-2021-0695

精明的投资者

出版发行：机械工业出版社（北京市西城区百万庄大街22号 邮政编码：100037）

责任编辑：沈 悦　　　　　　　　　　　　责任校对：殷 虹

印　　刷：三河市宏图印务有限公司　　　　版　　次：2021年6月第1版第1次印刷

开　　本：170mm×230mm　1/16　　　　印　　张：11.25

书　　号：ISBN 978-7-111-67973-8　　　　定　　价：59.00元

客服电话：（010）88361066　88379833　68326294　　　投稿热线：（010）88379007

华章网站：www.hzbook.com　　　　　　　　　　　读者信箱：hzjg@hzbook.com

版权所有·侵权必究
封底无防伪标均为盗版
本书法律顾问：北京大成律师事务所　韩光/邹晓东

随着中国金融市场的不断发展，民众收入与财富的大幅增长，金融投资品的供给和需求都呈现越来越火热的态势。大家怀着美好的梦想涌向股票、基金、债券、大宗商品和各种类型的理财产品，希望能分享经济发展的成果，并实现财富的保值增值。但是以股票市场为代表的金融市场并不是可以轻轻松松挣到安稳钱的平静小湖，它更像是喜怒难测的大海，有时候会有惊涛骇浪突然来袭，卷走投资者的利润和本金。关于这一点，很多中国股票市场的参与者可能已经深有体会了。

投资过程中常见的危险主要有两个来源。第一个来源是投资者固有的一些认知方面的偏差。面对金融市场的不确定性和信息爆炸的冲击，我们的大脑无法仅凭理性就自如地做出决定，不得不求助于人类长期进化而来的一些快速决策机制。这些快速决策机制虽然在大多数时候是有用的，但也容易在一些特定的情况下卡壳，让我们重复犯一些类似的错误。这些认知方面的偏误就如同一个个定制的陷阱一般，形成了投资过程中的第一个危险来源。第二个危险来源是一些居心不良的诈骗者。他们擅长伪装和包装，熟知投资者的心理和弱点，并且有着极其精湛的欺骗技巧。他们埋伏在金融市场之中，使用一些行之有效的套路和手法，精心编织出一个个设计巧妙的骗局，随时准备将那些不知情的投资者诱入网中，洗劫他们的钱财。这些骗局往往带有迷惑性，很多投资者甚至在上当受骗之后还浑然不觉。随着技术进步和全球化的发展，新的骗局还在不断涌现，它们与一些古老骗局一起构成了投资过程中的第二个危险来源。

本书的目的就是针对这两个方面的危险来源，提醒并帮助投资者做好应对的准备。本书先介绍了投资过程中常见的陷阱，也就是投资者最容易犯的一些错误；然后分析了投资者常见的心理偏差及其后果；最后通过简明的案例展示了各种形形色色的投资骗局，这些案例不仅包括传统的经典骗局，还包括新式骗局。

很多投资者都想要通过学习来提高自己的投资水平，市面上也存在数量繁多的投资类书籍，但我觉得本书可能是对投资新手帮助最大的书籍之一。常见的投资类书籍分为两类，一类传授技巧，另一类介绍经验。技巧包含基本面分析和技术分析等，但这些技巧并不都是有效的。即使有些技巧是有用的，刚开始接触它们的投资新手也很难通过简单的学习赢过那些接受过专业训练并且在市场中浸淫多年的投资老手。介绍投资经验的书籍往往主观性较强，读起来虽然故事性十足，但是背景和投资经历与作者不同的人往往会觉得隔靴搔痒，难以领略精华，或者会感到书中提到的经验难以直接用于自己的实践。

本书可以说是为国内的投资新手入门定制的，不仅提供了他们最需要的一些常识，而且在编排方式和内容选取上也特别照顾投资新手。比如章节编排，本书每节标题都以简明的问题为导向，并且篇幅都不长，摒弃了长篇分析和过于复杂的分析，集中笔墨提供关键信息和简单答案。对于一些特别重要的主题，本书会在不同的章节反复提及，加深读者的印象，比如分散化、费用、纪律等。这些主题大多数都是特别重要又容易被投资者忽略的。本书还特别精选了大量紧扣主题的格言，大多数都源于投资界赫赫有名的大咖，让读者可以在不知不觉中掌握投资的智慧。本书还有一个特色是选取的案例都是近年发生的，包括中国的 e 租宝和钱宝两个案例，增强了阅读过程中的时代代入感。

　　非常荣幸能有机会翻译这本优秀的著作，译者水平有限，希望能最大限度地呈现原书的精彩之处，也希望阅读本书能对国内的读者有所裨益。

|作者简介|

H. 肯特·贝克，工商管理博士和哲学博士、CFA 和 CMA 证书持有者、美利坚大学柯格德商学院金融学终身教授。作为一名备受赞誉的作者，他参与写作和编辑的图书超过 33 本，包括《投资者行为：财务规划和投资心理学》《投资陷阱：投资者错误和行为偏差导航》。贝克教授还参与了近 300 项其他出版物，是金融领域多产程度排名前百分之一的作者。

约翰·R.诺夫辛格，博士、阿拉斯加大学安克雷奇分校商务和公共政策学院国际金融专业"威廉·西沃德"讲席教授。他是行为金融学领域的世界前沿专家，是《投资心理学》和其他 11 本书籍的作者。诺夫辛格教授是在多学科发表著作和论文的多产作者，经常在行为金融、生物金融和公司社会责任等领域发表演讲。

韦萨·普托宁，博士、阿尔托大学商学院金融教授。他曾担任赫尔辛基股票交易所高级副主席和堪维图姆资产管理公司（赫尔辛基）总经理。普托宁教授已在战略金融、风险管理、行为金融和投资等多个领域出版了 18 本著作，发表了 30 多篇论文。

| 致　谢 |

"人生最大的痛苦莫过于心里憋了一个不能
说的故事。"

——玛雅·安吉罗

我们见过太多深陷痛苦的投资者，他们毫不设防地撞进了欺诈者
编织的陷阱，为自己的错误付出了高昂的代价。我们有一些故事想要
分享给大家，或许可以帮助一些人避免经历类似的痛苦。这也是我们
写作本书的初衷之一。当然，能把我们的故事付诸笔墨离不开很多人
的帮助，特别要感谢主编夏洛特·玛约拉那和副主编查理·威尔逊。
我们还要感谢为相关研究提供支持的机构：美利坚大学柯格德商学院、
阿拉斯加大学安克雷奇分校商务和公共政策学院及阿尔托大学商学
院。我们希望将此书献给我们的家人：琳达·贝克、罗里·贝克、安
娜·诺夫辛格及玛丽卡·普托宁。

"无法完成旅程的唯一原因是你从没迈出第
一步。"

——托尼·罗宾斯
作家、企业家、慈善家和人生导师

通过投资让钱生钱是一个诱人的财富积累方案，但要成为一个
投资者，你会面临众多障碍。有一些障碍是你自身导致的，其他的障
碍来自那些想将你辛苦积累的财富据为己有的无耻之徒。在投资行业
里埋有很多地雷，你需要避开它们。要成为一个精明的投资者，你
必须做到两件重要的事情：做出优秀的投资决策和避免犯下代价高
昂的错误。大多数投资书籍的主题都集中在如何做到第一件事情上
面，即如何才能做出优秀的投资决策。但在现实中，一次严重的错误
就可能毁掉多次成功投资的成果。本书的独特之处在于它将重点放
在了第二件事情上面，即应该如何做才能避免犯下那些害人不浅的
错误。

　　你的投资之路可能是从学习某些正统的金融学知识开始的，但需要注意的是，如果这些金融学知识是你从错误的渠道习得的，你对投资的认识就可能存在缺陷，或已经被误导了。本书可以提高你对投资的认识，并带给你不菲的收益。

　　本书将使用新颖的问答形式，带你认识一些在投资过程中可能遇到的危险陷阱。它们是挡在你投资路上的障碍，可能会给你带来惨重的损失。虽然金融常识可以让精明的投资者有别于那些普通投资者，但是金融常识并不像你想象中的那样人人皆有。要学会避开这些陷阱的方法有两条路可走，一条是聪明的道路，另一条是愚蠢的道路。走聪明的路，你可以从其他人的错误中学习经验，并在未来自己的投资中避开这些陷阱。走愚蠢的路，你就得一一体验这些错误，让重拳打击教会你如何做一个好的投资者。也许你在犯错和亏损中能吃一堑长一智，在下次踩雷时成功避开，但你自己总结出的那些经验也有可能仍然是错误的。如果有机会事先避开陷阱，为什么还一定要亲自体验一下呢？愚蠢的路代价高昂又让人痛苦，在可能的情况下尽量从他人的错误中间接地学习经验，显然是一条更好的路径。

　　令人遗憾的是，有些投资者会一次次踏入同样类型的陷阱之中。他们没有从亏损和失败中总结出正确的经验和教训，不断地按照一些不那么可靠的准则操作，离财务安全和财富积累越来越远。正如已故美国幽默大师山姆·里文森所言："你必须从别人的错误中吸取教训，因为你不可能活得足够久，去把这些错误一一亲自尝试。"幸运的是，只要你始终保持警惕，并采取一些主动的行动绕开投资陷阱，就足以避免大多数常见的错误。但如果你无法察觉到这些投资陷阱的存在，可能就采取不了任何行动。精明的投资者必须拥有耐心、纪律性和在其他人不知所措的时候保持沉着冷静的能力，可以持续控制自己的情绪并遵循健全合理的投资计划和策略。

本书将带领你逐项领略以下内容。第1章介绍一般投资陷阱，第2章和第3章分别介绍普通股投资陷阱、共同基金和ETF陷阱。投资错误并不都是外在原因导致的。要寻找导致你的投资组合表现不完美的元凶，你可能得找一面镜子。你自身固有的一些偏差可能才是你投资过程中最大的敌人。在你自认为有逻辑地采取行动时，做出投资决策也并不总是理性的。第4章将介绍一些投资者普遍存在的心理偏差。还有一种阴险的陷阱是欺诈和骗局，第5章和第6章将介绍这方面的内容。有很多不诚实的人打着投资服务的幌子，希望利用你的轻信来获取利润，这些利润当然都来自你的损失。精明的投资者必须学会避开这些陷阱的方法，并具备识别并破解各种危险的欺诈和骗局的能力。如果缺乏相关知识或未能采取必要的预防措施，这些陷阱、欺诈和骗局可能会导致灾难性的后果。

本书提供了关于各种类型陷阱、欺诈和骗局的有用洞见，可以帮助你在成为精明投资者的路上走得更稳。确保财务安全和财富积累不仅是人生的一个目标，还可以是一段愉快的旅程。当你成功避开埋着各种地雷的崎岖道路，逐渐学会在平稳行驶中获得收益时，就能体会到其中的乐趣。赚钱可比亏钱要愉快得多。如果你能成为一个精明的投资者，就可以避免犯大的错误，从而获得更多的收益，最终提高你生活的质量。中国先哲老子有言"千里之行，始于足下"，所以让我们马上开始这段旅程吧。

"一旦停止学习，你就开始死亡。"

——阿尔伯特·爱因斯坦

"别人告诉你的东西不能全盘相信，哪怕这个别人指的是你自己的大脑。"

——杰斐逊·史密斯

| 目　录 |

第 4 章　自身缺陷陷阱：心理偏差的危险

第 1 章

妨碍财务安全和投资成功的一般投资陷阱

"在市场中，犯错不是问题，但知错不改是很大
的问题。"

——马丁·茨威格
股票投资者、投资顾问、金融分析师

每个人都会犯错或遇到各种危险，投资者尤其是个人投资者也是如
此。个人投资者是指用自己的账户买卖金融资产的投资者，与专门替其他
组织和个人交易的机构投资者相对。与共同基金和养老基金这样的机构投
资者相比，个人投资者的单次交易规模通常较小。现在，部分国家采用了
要求个人自行选择资产配置方式和投资策略的养老金模式，这增加了个人
犯错的可能性。虽然投资者可以通过在错误中摸爬滚打来慢慢学习，但不
同类型的错误代价大不相同，有些是大多数人无法承受的。与投资成功相
比，投资者往往可以从失败中学到更多的东西。但如果可以选择的话，你

可能更希望从他人的错误中去学习经验，而不是自己亲自去犯错。

本章的目的是帮助你认识一些一般性的投资陷阱，也就是任何市场的投资者都可能会犯的一些错误，投资新手尤其如此。意识到这些陷阱存在是避免踏进它们的第一步。如果能识别出这些陷阱，并采取适当的措施来避开它们，你就成了一个精明的投资者，投资成功的机会将会大大增加。

"如何才能变得有智慧？犯下错误，勇敢面对，总结经验，提炼知识，调整方向，继续前进。"

——肯·普瓦罗

陷阱 1
对投资所知甚少
缺乏投资知识会如何导致你一生损失财富

投资自己是投资成功的关键。花费时间和金钱来学习如何投资是最好的投资未来的方式之一。通过学习掌握正确的投资知识，可以让你在之后的投资中避开陷阱和拦路石，有效地积累财富。

学习投资有两条途径。一条途径是接受正式的金融教育，这可以使你成为专业投资者；另一条途径是自学，即主动去阅读相关书籍、论文和博客，或者在网络上搜寻特定的投资话题。通过学习成为精明的投资者之后，你就有能力绕开各种投资陷阱并做出更明智的投资决策，从而使自己的财富得到稳定的增长。思想上的提升带来的效用比度假或买车要持久得多，所以投资自己是很划算的。要从事投资，你就必须能弄明白自己的钱到底投在了什么东西上，要成功做到这一点需要花不少工夫。如果你连如何投资都没弄明白，那最好还是把这项工作交给某个信得过的投资顾问或基金经理。

虽然投资算不上什么"火箭科学",但你仍然需要具备足够的知识和能力,用最恰当的投资组合来匹配你的投资目标、偏好和风险状况。如果想成为一个精明的投资者,你应该学习一些投资知识,并培养适合从事投资的性情,不能任由情绪的过山车载着你走。要时刻注意自己的情绪状况,如果你能在其他人惊慌失措的时候无视噪音,就能从那些在不合适的时点疯狂买卖的"韭菜"中脱颖而出。在 2008 年金融危机中,很多投资者看到市场波动变大就匆匆逃离市场,把资产换成现金,转投存托凭证或货币市场基金等短期投资品种。他们选择离场观望,没有胆量在这种时候投资股票。但如果你是精明的投资者,就应该能意识到最严重的短期动荡和损失后往往会出现一段涨势可观的反弹期。事实上,这些人错过的是第二次世界大战以来美国持续时间最长的一轮牛市。

"最重要的投资对象就是你自己。"

——沃伦·巴菲特

"到最后你会发现,今天的牺牲会变成未来最好的投资。"

——戈登·B. 欣克利

陷阱 2

低估自身潜力

是否必须要有钱、高智商或专业才配称为精明的投资者

这个问题的答案当然是一个响亮的"不"。投资不是只对少数人开放的专属俱乐部,任何人都可以从事投资并做得很好。你并不需要成为一名专业投资者才能获得不错的收益。事实上,大多数基金经理的业绩

甚至都没有跑赢市场基准指数。标准普尔的一项研究报告显示，截至
2016 年 12 月的 15 年中，92.15% 的大盘股基金经理、95.4% 的中盘股
基金经理和 93.21% 的小盘股基金经理的投资表现都没有超过市场基准。
因此，即使是专业投资者，要战胜市场也是相当困难的。上述大中小盘
股区分的依据是市场价值，通常简写为市值，是将一个上市公司发行的
总股数乘以它的每股股价得到的数值。分析师通常会按市值将上市公司
分为三类：大盘股（100 亿美元或以上）、中盘股（20 亿～100 亿美元）
和小盘股（低于 20 亿美元）。

　　基于以上事实，一个普通人水平的市场参与者如何才能成为好的投
资者呢？答案很简单：遵循一些基本投资准则，避开本书中谈到的投资
陷阱、欺诈和骗局，控制好自己的情绪，再做一些投资功课即可。只要
花足够的时间进行学习和研究，你就能开发出一套健全的投资计划和策
略，并予以实施。要记住，投资在很大程度上就是依据常识做出决策，
并避免过度的情绪反应。如果你能够做到，就有机会胜过所谓的"投资
天才"，部分原因是你不必承担高昂的管理成本。

　　"投资简单但绝不容易。"

——沃伦·巴菲特

陷阱 3
自身特殊论
你注意到自己的心理偏差会让你成为糟糕的投资者吗

　　你在做出各种决策时是理性的吗？我估计你的回答肯定是"是的"。
大家都觉得自己在投资上很有一套，即使实际情况恰恰相反。你头脑中

的化学物质常常迫使你做出一些不理性的决策，不管你自认多么理性或精明。所以和其他人一样，你在投资过程中会下意识地被心理或行为偏差影响。如果你是普通人，就做不到完全理性。这些非理性行为并不是随机或无意识的，而是系统的和可预测的。

虽然每个人都有这些心理偏差，但是一部分人特别是投资新手更容易成为其受害者。你既不应该低估自己的能力，同样也不应该认为自己可以对各种内部和外部的影响因素免疫。你需要注意自己实际上是如何行动的，而不是你认为自己应该如何行动。过度自信是最常见的心理偏差之一，该偏差会导致你误判自己的知识、技能和能力水平。你可能会主观地认为自己的表现比你实际做到的要好得多。在过度自信和信心不足之间有一个适宜的中间地带，这个适度信心区间就是理性信念与实际现实交汇之处。过度自信或自身特殊论会导致许多投资错误发生。我们将在第4章中详细讨论"自我认识"偏差背后的行为金融理论，并介绍如何预防和管理这些偏差。

> "拉斯维加斯每天人来人往，这让我们明白不可能每个人都是理性的。"
>
> ——查尔斯·埃利斯

> "我们在下棋的时候不能当自己是国际大师，在投资的时候不能当自己是沃伦·巴菲特，在烹饪的时候不能当自己是厨神。更符合事实的是我们烹饪的水平可能接近巴菲特，他经常到快餐店去解决口腹之欲。"
>
> ——理查德·H. 塞勒

陷阱 4
不做投资计划或不遵循计划
为什么设定投资目标和计划并加以实施对投资成功至关重要

　　回想一下你曾经做出的某个欠考虑的投资决策，可能直至今日你仍然在为它付出代价。如果你一开始就制订一个好的投资计划，并严格遵循，也许就能避免这样的问题。每个投资者都需要投资计划，没有计划或者只有走一步看一步的计划很可能导致投资无效率。你可以从两种方式中选择，要么亲自制订一个投资计划，要么求助于有能力制订投资计划的专业投资顾问。不管选择哪种方式，第一个步骤都是设定一个有意义的目标或目的，并全面考察自身面临的各种限制和约束。投资没有目标就如同旅行没有目的地，只能漫无目的地到处乱转，永远到达不了想去的地方。投资计划可以有不同的期限，短期、中期或长期均可，但都必须具体明确地列出想要达成的目标。举例说明，你可能想为自己的孩子上大学准备 10 万美元，或者为自己 65 岁后的退休生活准备 200 万美元。在制订投资计划时还需要考虑自己的风险承受能力、目标收益率、投资期限、税务情况、流动性需求、收入要求及其他特殊情况和偏好。

　　如果你选择向投资顾问求助，他们可能会提供一份被称为投资说明书（investment policy statement，IPS）的投资计划。该计划会描述你大致的投资目标和目的，以及可以用于实现这些投资目标的投资策略。IPS可能包含资产配置方案。资产配置是将你的投资在不同种类的资产中分配的策略，这些资产可能包括股票、债券、房地产、现金及其等价物等。资产配置的目的是通过分散投资来控制风险。IPS 还可能包括衡量投资组合表现的基准、可投资的资产类别、具体可选的基金和基金经理等。

制订投资计划可以帮助你做出前后一致且明智合理的决策，从而实现想要达到的投资目标。为了达到投资目标，你必须要保持耐心，并拥有坚决按投资计划行事的纪律性。在市场剧烈波动的时候，你可能会经历暂时的亏损，这时你也许会有放弃投资计划的冲动。千万不要这样做！这种行为通常都是错误的，因为这是感情用事。如果你的目标是为25年或30年后的退休生活储蓄，你就不应该过度关心股票市场今天或者下个月的表现。在制订投资计划时，你已经花时间评估了影响投资目标实现的各种因素，包括在当前和未来的各种情况下应如何操作。因为市场的突然变化而做出的下意识反应，会导致投资计划发生方向性的改变。不要在执行投资计划的途中改变基本原则，要有坚持长期策略的纪律性，即使面临的是令人不安的局面。有一个好的投资计划并贯彻实施是长期获利的最好方法，唯有这样你才有机会笑到最后。记住，要带着目标和计划去投资。

"没有计划的目标只是一个愿望而已。"

——安东尼·德·圣埃克苏佩里

"你承担的风险水平必须与投资目标匹配。当你的投资目标或情况发生改变，就要重新调整风险承担水平。"

——韦德·马特森

陷阱 5
投资风格和策略与投资目标不匹配
为什么选择合适的投资计划对实现投资目标至关重要

你曾经尝试过减肥吗？如果试过的话，你可能注意到有各种各样的减肥食谱和减肥计划。也许其中的一部分对你是有效果的，但剩下的只会让你承受不必要的痛苦，最终让你放弃减肥的想法。从某种角度来看，投资和减肥有异曲同工之处，没有什么投资计划或策略是对所有人都通用的。如果有人告诉你他有一个神奇的投资策略或投资公式，你最好不要轻易相信。虽然有些投资目标看起来相差不大，但由于各自的风险承受能力和面临的其他因素不同，他们实现投资目标的最佳投资方式也会有所不同。你必须找到最适合自己的财富之路。如果你接受投资规划师或投资顾问的服务，也要确保他们会针对你的具体情况定制投资计划或策略。不要使用一刀切的投资计划和批量生产出来的解决方案。

> "富人和穷人的人生哲学是不同的，富人会先投资再用剩下的钱消费，而穷人会先消费再用剩下的钱投资。"
>
> ——罗伯特·清崎

陷阱 6
选错投资期限
为什么只做短期打算会危害长期的财富积累

投资者永远处于一个两难的境地：生活在今天却要为明天做好准备。对有些人来说，应付了当前的生活支出后，就剩不下多少钱来完成其他的短期目标了，更不用说那些长期目标，如攒钱买一个大件家具、支付买房的首付或者积累更多的退休基金。在现代社会，好像不管挣多少钱，要做到手头充裕都前所未有的难。根据某求职网站的一份报告，在美国有 80% 的全职工作者指望当月的工资过活。在年薪 10 万美元以上的人当中，也有 10% 的人认为自己的收入不能满足当期的开支。虽然现实如此残酷，但是大家还是必须为未来进行储蓄和投资。

作为一名投资者，你需要在头脑中构建一个与投资相关的时间表，然后再配合该时间表构建投资计划。如果你有一些短期的支出目标，就必须在设定资产配置方案时考虑到它们。但活在当下的习惯和只考虑短期因素的心态很可能会妨害未来的收益，你必须跳出过分关注短期因素的心理状态，形成从长远着想的思考方式，才能在投资中获得成功。事实上，股票市场的短期涨跌很难让人获得真正的财富。所以精明的投资计划不仅可以让你实现投资目标，同时也不会牺牲今天的生活质量。记住一句格言：沉住气，想得远。

精明的投资者会精心设计投资计划，把注意力放在长远打算上，不会盲目追逐短期的市场趋势。要达成一个长期的投资目标，比如为年幼的子女准备大学费用或为自己准备养老金，没有长期的视野是不行的。以长期的方式投资还有许多其他好处，如可以将情绪从投资决策中移除。长期投资要求你必须耐心行事，尽量不受每天的市场起伏影响。还有一个好处来自历史统计经验，现有数据显示建立长期投资组合可以提高投资者盈利的可能性，特别是当你投资于一些高质量并持续分红的公司时。如果你参与了公司或者基金的红利再投资计划，分配给你的红利会被自动再投资到同一家股票或基金，换成更多的股份或基金份额，让你获得复利增长的额外好处。这从长期来看有带来非常高收益的潜力。长期投资的好处还包括更低的税收和交易佣金，较低的风险也可以让你晚上睡得更加安心。

"要在这个短视的世界里做一个长期投资者确实很难。"

——莫特利·富尔

陷阱 7

承担风险不适量

过度保守或过度激进是如何妨碍你实现自己的投资目标的

不同投资者承受风险的能力和意愿是不一样的。即使你具备承受较大风险的能力，也不一定就有这样做的意愿。承受更多风险一方面增加了财富的波动性，另一方面也可能带来更高的长期收益。天天因为自己投资组合价值的短期波动提心吊胆可能会夜夜难眠，所以一些投资者的性情或风险偏好不适合冒过高的风险。因此，在投资之前你要做一个判断，找到最适合自己的风险水平。"风险承受能力"是一个用于判断适宜承担的风险水平的指标，可以衡量投资者为了获得一定的未来收益愿意承受的风险水平。如果股票价格每日的涨落让你心跳加速，那你最好在投资组合中减少或者去掉股票的头寸，转而投资一些更安全的资产。如果你是没有太多负担的年轻人，你通常可以承受更大的风险。

陷阱 8

风险和回报不匹配

为什么充分理解风险回报权衡关系是一个重要的投资原则

你有没有听说过"不承受痛苦，就难以获利"或"不入虎穴，焉得虎子"这类的谚语？这些谚语总结的是投资过程中风险和回报之间的关系。因为可以从数量繁多、风险各异的各种证券和资产中选择具体的投资对象，所以如果某个风险资产的潜在回报水平还不如那些安全资产，你就不应该去考虑它。如果资产的风险上升，那潜在的回报也必须更高才行。举例来说，如果投资的是银行可转让存单，你会获得较低的回报并承担较低的风险；如果投资的是股票，你将有机会在长期中获得很高的回报，但同样也面临短期损失大量本金的风险。投资高信用等级债券和投资股票相比回报可能较低，但更具有可预见性和稳定性，因而风险较低。如果不想承担不必要的风险，你应该重点关注那些能提供持续稳定现金流的资产，如有分红、利息或者租金等收入的资产。

在投资中，风险和回报是相伴而生的，没法做到两全其美。更高的预期风险通常对应着更高的预期波动性和更高的潜在回报。从长期来看，股票市场的平均回报是债券的两倍以上，但同时也会有更高的风险和波动性。标准普尔 500 指数是美国的一个股票市场指数，是根据在纽约股票交易所或纳斯达克股票交易所挂牌的股票市值排名前 500 位的大型公司的股价计算出来的。虽然标准普尔 500 指数的平均年收益率是 10%，但这并不意味着你每年都能获得这样的回报。这个平均年收益率反映的是长期的平均回报水平，只对那些能安全地挺过一路上股价起伏的投资者有价值。但事实上，参与股票市场是很容易亏钱的。平均来看，股票市场每年会有一次下跌超过 10% 的波动，每 3.5 年会有一次下跌超过 20% 的波动。像 2008 年金融危机那样超过 30% 的下跌，也只是发生的频率稍低一点而已。

每个投资者都需要做一个关键的抉择，决定最适宜自己的风险水平。你需要找到最适合自己的风险回报平衡点。在确定风险承受水平时不仅要考虑你当前的经济状况和未来的投资计划，还有很多其他因素，如财务计划的时间表。太大或太小风险都会影响你的回报。在投资时，如果你感到天天盯着大量股票的价格是一种负担，或者受不了自己购买的股票和其他风险资产的大幅波动，就要好好考虑一下是不是该把它们替换成更保守一点的投资。因此，"晚上睡眠质量测试"是一个很好的识别适宜风险承担水平的方法。你也可以找一个投资咨询师来测试一下适合你的风险承担水平。

> "如果不愿冒险，就得安于平凡。"
>
> ——吉米·罗恩

> "风险来自你不明白自己在干什么。"
>
> ——沃伦·巴菲特

> "投资者必须始终记住，最重要的不是收益的绝对高低，而是收益是否足以补偿你承担的风险。最后，对于投资者来说，没有比每晚安然入睡更重要了。"
>
> ——赛思·克拉尔曼

陷阱 9
置于风险中的投资额度超出了自身的承受能力
何时开始投资是最合适的

沃伦·巴菲特曾说："投资有两个准则。一是不要亏钱，二是不要忘记第一条。"投资是必然伴随风险的，或者说只要投资就有亏损的可能。在正式开始投资之前，你要预先确定在市场状况突然变化时，自己能够承受的最大下跌幅度。因为等到这种情形真实发生的时候，你的情绪和压力会被放大，会对你的投资决策产生负面影响。

什么时候开始投资才是最合适的呢？简单来说是越快越好，但对每个人而言答案有所不同。比如说，月光族和有余钱的人相比，最佳时点就会有所不同。在投资之前，你要先好好估量一下自己当前的财务状况。在正式投资之前，你最好先完善几个财务安排，如准备一笔雨天基金或者说应付紧急情况的资金，至少要能覆盖 3 个月的生活开支。根据美国联邦储备系统（美联储）的报告，40% 的美国成年人表示，如果面临一笔 400 美元的突然性支出，他们要么无法支付，要么必须借钱或变卖家产。另外，如果你有信用卡账单之类的高息债务，你得先把它们还清。因为你的投资不大可能赚到比信用卡罚息更高的回报。要偿还循环周转的信用卡债务，就相当于你得获得稳定的两位数回报率。建议你不要再利用信用卡追逐超出你财富水平的生活了。

"如果你买了不需要的东西，很快就得变卖自己需要的东西。"

——沃伦·巴菲特

陷阱 10

未进行定期投资

为什么定期投资是一个值得培养的好习惯

定期投资是获取财富的好方法。定期投资的主要好处包括：①帮助投资者平滑市场波动；②培养投资者的纪律性，防止情绪因素影响投资决策；③帮助投资者按照投资计划行事，从而更快地向投资目标前进；④确保不错失投资机会。

通过定期投资可以实现"平滑美元成本"的投资模式，即在每个固定周期都投资固定数量的钱在同一只股票上，不管其处于股价上涨期还是下跌期。这样购买股票的成本可以得到平滑，低价购买的股份数量会更多。因为在股价下跌期，同样数量的美元可以买到更多的股份，而在股价上涨期买到的股份较少。每个月拿出支付能力之内的一小笔钱

并不会严重影响你的生活质量，但可以为你未来的财务安全打下良好的
基础。

　　在美国有很多上市公司会提供股票直购计划和红利再投资计划，允
许投资者以低成本甚至零成本进行定期小额投资，方便地实现"平滑美
元成本"的投资模式。因为可以直接从目标公司或其代理那里购买股
份，加入这两类计划的投资者可以绕开证券公司和经纪商并省下相关佣
金。"电脑选股"网站则提供一份详细的清单，列举了大量面向所有投
资者的股票直购计划和面向现有股东的红利再投资计划。一些经纪商也
会提供与这两类计划效果相似的服务，你可以通过在股票交易平台建立
的账号，以极低的成本参与几千家公司和指数基金的定期小额投资。

　　"有些付出应视为投资，而非牺牲。"

——佚名

　　"不要给钱打工，要让钱给你打工。"

——罗伯特·清崎

陷阱 11
误将历史收益率当成未来期望收益率
为什么长期平均收益率与你当前的投资状况无关

　　很多投资者错误地认为，过去一段时间的平均收益率是一个衡量
未来期望收益率高低的好用指标。以股票市场为例，用一段非常长的
历史数据计算，以标准普尔 500 指数为代表的股票市场每年平均收益
率为 10%，即使扣除掉 2% ~ 3% 的通胀，调整后的平均收益率也接近
7% ~ 8%。但是由于股票具有很高的波动性，每年的实际收益率不会

都在这个平均值附近。具体来看，标准普尔 500 指数在 2008 年下跌了
37%，而在 2009 年上涨了 26.5%。

即使只考虑投资一个较长的时间段的情况，你也不一定能获得历史
平均收益。为什么呢？最大的问题是过去的表现无法代表未来的结果，因
为未来的投资环境不一定与计算平均收益的那个时间段一样，所以你的
实际收益率可能与历史平均收益率有较大的差别。没人能保证股票市场
的投资者可以获得每年 10% 的收益率。如果你采用的是买入并长期持有
的投资策略，你的收益可能会距离长期平均收益率稍微近一点。但如果
你采用的是频繁进出市场的短期操作策略，你的实际收益率可能会比长
期平均收益率低得多。虽然目前还没有预测市场长期趋势的可靠方法，
但是有证据显示从长期来看股票市场的收益率是大于零的，仅此而已。

> "预测未来就好比在没灯的房间里找一只黑猫，事先还不知道猫
> 在不在房间里。"
>
> ——史蒂夫·戴维森

> "预测是非常难的，特别是关于未来的预测。"
>
> ——尼尔斯·博尔

陷阱 12
对投资对象的情况一无所知
为什么不能投资超出自己"段位"的企业、行业或证券

在不知深浅的情况下一头扎进水里可能会酿成悲剧，用这种方式投
资也是愚蠢的。但在现实中，还是有很多投资者在缺乏对投资对象的相
关情况和细节的了解时，就迫不及待地涌向了那些"热门股票"。这样

的操作成功地让他们成了砧板上的肉，至少在那些更熟悉情况的内部和专业人士眼里如此。在金融市场上，知情投资者可以轻松地"收割"这些不知情交易者，后者通常被他们称为"噪音"交易者。投资的一个基本准则是不要购买自己不理解的资产。如果你不能用几句简单的话解释为什么一个资产值得购买或一家公司是如何盈利的，你就不应该购买它们。

还有一些投资者错误地认为越复杂的资产或策略越会有好的表现，这种看法也是错误的。但很多兜售这些复杂资产和策略的人会反复宣传其好处，培养和强化了部分人群对该类资产的迷恋。购买自己不了解的资产往往会带来损失。如果你对一家公司的运营模式和赚钱方式一无所知，还是去买点别的资产比较合适。要记住，不要买超出自己"段位"的资产，那些你能够理解的投资标的才是最适合你的。

"在投资股票的时候不研究公司，与打牌的时候不看牌就下注一样。"

——彼得·林奇

"华尔街似乎有一个不成文的规则：如果有个东西你搞不明白，那就把毕生积蓄投入其中。"

——彼得·林奇

陷阱 13
不恰当的分散化程度
过度分散化投资和分散化不足各有何后果

你也许听说过一句话："不要把鸡蛋放在一个篮子里。"在投资中，这句话告诉我们不要只购买单个资产。为什么？因为如果这样做，一旦失败就是一场灾难：篮子掉到了地上，所有的鸡蛋被一网打尽。所以分散化不足甚至完全不做分散化会降低投资收益，过量持有少数资产可能会让你的投资组合价值面临剧烈波动。另外，没有什么资产是长盛不衰的。在投资组合中加入不会同向变动的多个资产，可以让你在其中一个资产表现不好时得到有效的保护。换句话说，将不同的鸡蛋放入多个篮子中可以有效地降低你的风险。因此，如果你是投资新手，手头计划用于投资的资金数量有限，投资低成本指数基金或者交易型开放式指数基金（exchange traded fund，ETF）可能比投资单只股票和债券更为适合。

使用合理的话，分散化策略可以成为一种有效的风险管理工具。要实施分散化策略，需要往投资组合中加入风险特征不同的各种资产，使你的投资组合包含不同行业、不同公司和不同所在地的一系列资产。然而，分散化程度越高越好的看法也是不对的。虽然投资分散化一般来讲可以带来好处，但是在其程度超过某个界限后，其带来的额外成本会超过降低风险带来的好处，到了这个时候你就过度分散化了，或者"分坏"了。过度分散化一般是由于加入了过多风险特征相似的资产，比如说你买入了多只标准普尔 500 指数基金，觉得自己做到了分散化投资，但你没有意识到所有这些基金都是在模拟标准普尔 500 指数，投资的都是美国最大的 500 家上市公司，所以其收益率是高度相关的。你额外花费的成本没有带来相应的好处。如果你只购买一只标准普尔 500 指数基金，再买入一只投资小公司或外国企业的基金，你的分散化收益会高得多。

作为一个合格的投资者，你既要避免分散化不足又要避免过度分散化，要选择最合适的分散化程度。这要求你购买风险特征差异较大的资产，这样在其中一些资产亏损时可以从其他资产的盈利中得到补偿。比如说，你可以在持有美国股票组合之外再加入债券或不动产投资，这种形式的分散化可以引入独立于原组合或与原组合反向变动的收益来源。换句话说，不同资产的收益率变动不应该完美同步，最好有较低甚至负的相关系数。这样的策略虽然也不能保证你一定盈利或永不亏损，但持有不同风险特征的资产让你可以控制投资组合的总风险。合理的分散化可以大大降低风险、保护本金，并很有可能产生更高的收益。

> "分散化的美妙之处在于，它是投资领域最接近免费午餐的东西。"
>
> ——巴里·里萨兹

> "分散化是知识不足者最好的保护。"
>
> ——沃伦·巴菲特

陷阱 14
迟迟未开通养老金账户
为什么要尽早为退休储蓄

你是否有过为某次大额消费后悔的经历？特别是那些短期享乐消费。这些钱本来可以存着养老用的。如果是的话，在这方面你并不是一个人，很多人都有过类似的经历。虽然退休看起来远在遥遥无期的未来，但是未来到来的速度比你想象得要快。投资的一个基本准则是越早投入越好。任何投资都需要时间沉淀，你的钱在市场中待的时间越长，你攒足幸福晚年所需费用的可能性就越高。

迟迟不开通养老金账户可能会带来一些风险。首先，你可能会错过利滚利或者说复利带来的好处。一个合格的养老金计划可以利用复利让账户金额以更快的速度增长。投资养老基金的时间越长，到退休时累积的金额就越高。其次，如果不能及早开始存钱和投资，你养老基金的增长率就可能没法赶上通货膨胀的速度。通货膨胀会导致同等数量财富的购买力下降，大大降低你退休储蓄的价值，影响你未来不再工作时的生活质量。最后，不能尽早开始养老金计划会使你之后的财务安排很被动。复利的动态分析告诉我们，早期少量投资的效果相当于后期的大量投资。因此如果不能尽早开始投资，你就不得不在后面的日子里通过储蓄和投资更高的金额来达到同样的财务目标，这会导致你未来面临比现在更大的财务压力。如果你感觉现在每个月挤一点钱出来投资有困难的话，想象一下未来要挤出两倍甚至三倍的钱来达到同样的效果，你觉得这会更容易吗？总而言之，推迟开始养老金计划是以牺牲对未来的控制能力为代价的。

> "拿钱投资就是在购买未来不用工作的日子。"
>
> ——拉亚·拉拉亚

陷阱 15
不参与"雇主赞助的养老金计划"

为什么应该珍惜参与"雇主赞助的养老金计划"的机会并提高自付金额

很多人为了在当下多一点钱可花，选择了退出公司提供的 401（k）计划或类似的"雇主赞助的养老金计划"。一般来说，拒绝参与此类计划不是一个明智的选择。如果你没有机会参与"雇主赞助的养老金计划"，也应该考虑建立一个罗斯个人退休账户或其他可以申请的类似计划。罗斯个人退休账户可以允许你将每年的部分税后收入转入一个专属账户，你可以利用该账户进行免税投资并留待退休后使用。

如果能申请"雇主赞助的养老金计划"，你不应该错过参与其中的机会，原因有几方面。首先，你可以受益于税收减免，一方面税基的减少降低了你应该缴纳的个人所得税，另一方面该类计划的投资收益税是有减免的。其次，雇主会按照一定比例替你额外缴纳一部分资金，这属于免费的钱，可以大大加快你养老金账户余额的增长速度。再次，在参与此类计划后，你对投入的资金仍然保留一定的控制权，并有修改条款的权力，包括在之后退出计划的权力。利用自动扩大额度条款，你还可以选择提高每年的自付额度。最后，参与此类计划可以帮助你将投资变成一种习惯。

> "钱还是得攒一点，万一你命长呢。"
>
> ——马克斯·阿斯纳斯

> "跟所有成功的商业冒险一样，美好退休生活的基础是计划。"
>
> ——厄尔·南丁格尔

> "最重要的不是对错，而是在对的时候能赚多少，在错的时候会亏多少。"
>
> ——乔治·索罗斯

陷阱 16
忽视税收、佣金和其他成本
为什么做投资决策应该考虑多方面因素

投资者关心投资收益是天经地义的，但投资收益也分总收益和净收益等。总收益指的是扣除各种税收、佣金和其他成本之前的收益，净收益指的是扣除这些之后的收益。这两种收益计算方式在衡量投资组合表现时各有其用处。例如，将总收益与某个合适的基准指数做比较，能看出投资组合相对表现如何。但只关注总收益是错误的，你也需要关注净收益，后者才是更真实的衡量纯粹收益的指标。虽然要判断出哪些佣金的支出是有收益的，哪些可以省下来非常困难，但你仍然得具备这项能力，因为能否正确区分两者对投资结果有非常大的难以忽略的影响。

在做投资决策时，还应该考虑税收因素的影响。但也不要被税收牵着鼻子走，或者说不要仅仅基于税收方面的考量就决定是否投资，这种决策方式简化过头了。想要充分利用税收政策的好处，你可以通过将低税率资产配置在常规投资账户中，将高税率资产配置在享受税收减免的养老金账户中，来降低总的税收支出。具体而言，市政债券等投资品种会附带税收减免，因此你应该将其置入需要交税的账户中，将高红利资产和蓝筹股等置于可以减免税收的养老金账户。但是税收不应该是你进行资产配置的唯一理由，你还需要考虑诸如分散化、投资期限、纳税等级和其他费用等各类因素。

我们来看一个例子。假设你的 IPS 设定的资产配置比例为股票占40% ～ 60%。由于之前股票市场表现良好，你投资组合中的股票收益超过了债券和现金等其他资产的收益，所以现在升值后的股票占总投资组合的比例达到了70%。为了避免承担过多风险，你应该重新调整投资组合，卖出一部分股票并将收入投资到其他类别的资产中。你明白将太多鸡蛋放入同一个篮子中是有风险的，不能持有太高比例的股票头寸，你也意识到了分散化和均衡的投资组合的重要性。但你可能仍然不太愿意卖出升值的股票，因为这意味着要缴纳资本利得税，而你讨厌交税。

千万不要仅仅基于税收考量就不执行卖出操作。如果卖出股票实现盈利是一个正确的操作，那么即使要交税，这种操作也仍然是正确的。你是愿意遭受损失但不用交税，还是愿意在盈利后抱怨一下因为资产升值而多交的税？我想答案应该很明显，你应该享受胜利并愉快地交税。这告诉我们，不要让在出售资产时缴纳的一点点资本利得税主导我们的投资决策。

你还应该考虑一下各种佣金和其他费用的影响。比如说，在选择经纪商的时候应该货比三家，找一个服务尚可并且收费不贵的。你需要仔细考虑下列问题：你是否需要一个提供全方位服务的经纪商？还是一个提供简单服务的低收费经纪商对你而言就已经够用了？在购买共同基金或ETF时，你到底要选择一个主动交易型基金并为此支付额外的成本，还是愿意选择一个成本更低的指数或被动管理型基金？在考虑了佣金、费用和税收后，指数或被动管理型基金往往可以提供更好的风险收益比。

陷阱17
忽视通货膨胀
为什么真实收益率比名义收益率更重要

在投资中通货膨胀是你的敌人，因为它会通过侵蚀货币购买力的方式掠夺你的财富。举个例子，假设你投资了10万美元在某只期限为25年的债券上，税后收益率为4%。在投资期限内，你选择将所有的利息收入再投资到该债券中，于是这些利息也同样能获取4%的收益率。假设这段时间通货膨胀率恰好也是4%，那么25年后你投资增值后的购买力会和你开始投资之前一模一样。也就是说，你通过投资增值后的钱在

25 年后能买到的商品和服务，与今天不进行投资直接花钱能买到的数量一样。你没有获得任何额外的好处，通货膨胀将所有投资增值的购买力都吞噬了。所以这里大小为 4% 的收益率只能被称为税后的名义收益率。因为你的购买力没有任何增加，你的真实收益率为零。

很多人误将关注的焦点放在了名义收益率上，因而未能把握完整的故事。通货膨胀导致的购买力下降，会让同样的钱无法在未来买到和今天同样数量的商品和服务。真实收益率可能为正也可能为负，具体取决于通货膨胀率高于还是低于名义收益率。你要将投资的名义收益率与通货膨胀率进行比较，才能判断自己是否真的在积累财富。

　　"通货膨胀是无须立法的税收。"

——米尔顿·弗里德曼

陷阱 18
指数化投资不足
为什么指数化投资对于个人投资者是有意义的

一个普通的个人投资者如何才能胜过专业投资者？对大多数个人投资者而言，最好的选择是低成本指数基金，如标准普尔 500 指数基金。指数基金是跟踪某个指数的共同基金或 ETF。此类基金同时具备分散化的市场风险敞口、较低的操作成本和较低的投资组合换手率等特征。虽然复制整个市场的表现听起来很无聊，但是从长期来看股票指数基金可以获得稳固的表现。由于佣金较低，大部分指数基金投资收益会归属投资者，而不是被基金管理人拿走。

虽然有一些基金经理和主动管理型投资基金可以跑赢市场，但绝大部分不能。从长期来看，低成本指数基金收益率通常会高出主动管理型基金 65% ～ 70%。如果你想要未来投资的表现更稳健，应该听一听指数基金之父约翰·博格的建议："买该死的指数基金就对了。"

"重点不在于你赚了多少，而在于你能留下多少。"

——罗伯特·清崎

"通过定期投资指数基金，什么都不懂的投资新手也能赢过大多数专业投资者。"

——沃伦·巴菲特

陷阱 19
未对长期投资组合进行定期评估和再平衡
为什么不应根据短期因素下意识地调整投资组合

一套设计良好的资产配置策略是投资计划的重要组成部分，可以帮助你将资金合理分配到最合适的资产上。资产配置指的是从股票、债券和现金及其等价物等不同类型的资产中进行选择和合理搭配，从而构建一个合适的投资组合的过程。每个投资组合中最合适的资产配置因人而异，取决于你的风险承受能力和投资期限，并应该写在 IPS 的醒目位置。风险承受能力是你为了获得更大的潜在收益，能够或愿意接受的潜在损失的大小。投资期限是你为了实现投资目标，打算持有资产的预期期限。要成为一个成功的长期投资者，你就不能在制订资产配置策略后就将其抛在一边。

与资产配置相伴而生的一个概念是再平衡。它是指在市场情况发生变化后，重新调整投资组合中各资产的权重，以维持目标资产配置的过程。就像调教自己的汽车一样，再平衡是对投资组合的调教，目的是确保维持目标资产配置不变。再平衡的主要目标是降低投资组合的波动性，并压制投资者情绪化交易的冲动，而不是为了获得更高的收益。

让我们用一个简单的例子来演示一下再平衡的具体操作。假设你有 10 万美元，打算配置到两只共同基金中，目标资产配置是 6 万美元或者说 60% 配置于一只股票基金上，4 万美元或者说 40% 配置到一只债券基金上。在之后的 1 年中，由于股票市场表现强劲而债券市场相对疲软，所以你的投资组合市值上升到了 12 万美元，其中 70% 是股票基金（8.4 万美元），30% 是债券基金（3.6 万美元）。为了恢复到 6：4 的目标资产配置，你需要卖出一部分增值的资产（股票基金份额），买入一些下跌的资产（债券基金份额）。要在总计 12 万美元资产中占比 60%，股票价值必须达到 7.2 万美元，而债券占比要达到 40%，其价值要达到 4.8 万美元。因此你需要卖出 1.2 万美元（8.4 万美元减去 7.2 万美元）的股票基金份额，以恢复目标资产配置，然后用该笔资金买入价值 1.2 万美元（4.8 万美元减去 3.6 万美元）的债券基金份额。

再平衡操作的支持者建议无论牛市还是熊市都应该进行该操作。他们的理由是如果不进行再平衡操作，你会面临投资组合漂移，这会导致你要么过于冒险，要么过于保守。你的投资组合会像被风刮过一样变形，比例失调或前后目标资产配置不一致，即在市场上涨期股票配置过重，而在市场下跌期股票配置不足。投资组合漂移会导致你承担的风险高于或低于你在设定目标资产配置时的计划水平。再平衡的好处是它会强制要求你在低点买入并在高点卖出。虽然每个人都希望自己能低买高卖，但情绪会驱使你在价格下跌时因恐慌而卖出，从而低卖，并在价格上涨后因害怕踏空而买入，从而高买。

关于再平衡有一个潜在的事实，那就是当市场处于一个长期上涨期，或者一个长期下跌期时，该操作事实上会增加风险，尤其是会增加下行风险，即与亏损有关的风险。为什么呢？因为再平衡要求你卖出那些表现较好的资产（赢家），如火热上涨的股票，并买入那些表现更差的资产（输家），如收益较低的债券。这种方法是有一点违反常理或者说反直觉的，会和投资者本身的心理产生较大的冲突。如果在再平衡后，赢家和输家资产的相对强弱关系仍然持续，你的情况就会比进行再平衡前更差。在牛市中，再平衡让你从股票转到债券，如果股票接下来的表现继续强于债券，该策略就会导致你亏损。同样地，在市场持续下跌的时候，你也不会想要配置更多的股票，因为在此过程中从债券转向股票的再平衡伴随着股票的进一步下跌。

如果你是一个风险厌恶的短期投资者，你需要小心再平衡的这些副作用。如果你是一个保守型投资者，或者目标投资期限少于 10 年，那再平衡策略对你可能也没有那么合适。如果你不愿意增加投资组合的下行风险，也许不会进行任何再平衡操作。但是，如果你能承担比较高的风险，打算进行 10 年以上的投资，那么再平衡是一个非常合适的策略。从长期来看，再平衡一般能带来足够高的收益，以补偿其带来的额外风险。总体而言，你不该将再平衡看成一个完全无副作用或机械式的过程。如果操作得当的话，该策略可以帮助你管理风险并降低情绪化决策的影响。

"前后一致的投资组合调整方案能帮助你远离情绪化交易。"

——玛丽·安·巴特尔斯

陷阱 20

研究做得太少

为什么做好"家庭作业"可以带来更好的投资绩效

在你上学的时候，不完成家庭作业可能会造成一些你不想看到的后果。在投资过程中不进行足够的研究同样也是如此。在投资前，你要进行充足的尽职调查，至少要达到一个理性的人在掏出这么一大笔钱之前会进行的程度。不幸的是，很多个人投资者往往没有对自己投资的公司进行足够的调查研究。他们会转而依赖从电视或者网络上接触到的所谓"投资专家"，而这些人在推荐股票的时候通常都会带着自己的目的和偏见。调查研究可以帮助你了解投资的公司或金融工具，知道自己未来可能面临的状况，并让你能察觉到值得警惕的迹象和风险。如果你既不做研究又不会借鉴他人的研究，投资对你而言就如同闭着眼睛开飞机，坠毁和受伤的概率很高。尽职调查做得越充分，投资效果就可能越好。好的投资机会永远都有，但需要你亲手去挖掘，在此过程中你必须要有耐心并严守纪律。

"要在任何领域取得大的成功，勤奋是自始至终不可缺少的。"

——莱拉·吉夫特·秋田

本章要点

只要弄明白应该如何操作，投资是可以给你带来收益的。投资天才和市场大咖会热切地兜售各自的投资建议，不幸的是其中很多都是有缺陷的。如果你将钱投入市场只是想凭感觉赚一笔大的，那你去赌场试试会更好。如果你能做出精明的投资决策并坚持长期投资，你的投资组合的价值就会随着你一次次稳健的投资行动而增长。学会投资的基本原理，绕开那些常见的投资陷阱，你就有机会获得一份丰厚的投资收益并达成自己的投资目标。以下是本章要点，虽然它们也不能完全确保你投资成功，但在投资时注意这些技巧，可以让你有更大的概率走在正确的道路上，并拥有一个更坚实的投资未来。

▼ 学一点投资的基础知识并培养长期投资的习惯。

▼ 明确投资目标，制订一份适合自己的投资计划和一套合理可执行的投资策略，并坚持按照计划行动。

▼ 不要让情绪主导你的投资决策。

▼ 忍住短期的痛苦以换取长期的收益。

▼ 在风险和收益中做好平衡，避免不必要的风险。

▼ 投资你能够理解并能安心持有的资产。

▼ 投资不同类型的资产来分散化投资组合。

▼ 尽早开始投资，养成定期投资的习惯，利用好养老金账户。

▼ 降低投资成本、费用和佣金。

▼ 定期对投资组合进行重新评估和再调整。

▼ 如有疑问，找一个将你的利益放在首位的专业投资者寻求建议。

"将不可避免的投资错误减到最少，比沉迷于搜寻 10 倍回报的标的重要得多。"

——哈米什·道格拉斯

第 2 章

会导致巨大损失的普通股投资陷阱

"在股票市场上赚钱需要的脑力人人都有，但需
要的耐心并不是人人皆备。"

——彼得·林奇

从某些角度看，投资与汽车维护有一些相似的地方。很多人愿意将这个任务交给专业人士，找一个信得过的师傅来负责汽车的日常维护。还有一些人不介意弄脏自己的双手，选择亲自修车。如果你和许多投资新手一样，还不愿意承担个股分析的艰巨任务，找一个由基金经理管理的低成本指数基金或 ETF 会更好。但随着在投资领域渐渐成长，你可能不再满足于这些简单的投资工具，想要尝试一下自己挑选个股。虽然这是一个值得称赞的努力，但是你也可能面临很多会导致巨大损失的投资陷阱。

本章将重点带你认识一些普通股投资陷阱，了解它们才能够避免陷

入其中。如果想用分析公司和挑选个股的方式投资，你必须意识到这样做实际上会让你获得某项生意的部分所有权。这个世界变化很快，任何生意都必须不断适应新情况并努力发展壮大，否则就可能会掉队。因此买了股票之后，你必须持续跟踪发行股票的公司，了解其经营状态和相关动态，判断该公司是否能成功适应市场变化，进而估计其股票交易的价格是否合理。如果你不能或不愿做出必要的努力，就应该避免直接投资个股。

陷阱 1
无法分辨投资和赌博

参与股票市场和进赌场是一回事吗

很多人普遍持有一个误解，认为投资尤其是股票投资和赌博或投机是一回事，但实际上它们存在一些明显的区别。

- ▼ 在赌博的时候，你每一次下注后可以准确地知道自己可能的输赢额度。而作为投资者，你并不知晓股价最终会到达多少，只是期望自己的投资会在未来获得一份应得的收益。虽然你在股票市场也可能损失惨重，但是股价一般是不会下跌到零的。从长期来看，参与股票市场是可以盈利的。而如果在赌博中输了，你会损失全部的赌注。

- ▼ 在赌博时一旦下注就不允许反悔，但在投资时可以通过卖出资产或平仓退出。

- ▼ 在赌场赌博时规则总是对庄家有利，即使你可以在短时间中获胜，久而久之还是要输的。在投资中你可以通过研究和学习，加深对金融市场和金融工具的理解，来提高自己获利的概率。

▼ 如果你投资普通股，就会获得公司的部分所有权。从某种意义上说，你是在对公司的未来下注。如果你投资的是股票指数基金或ETF，你下注的对象就是某个行业或整个国家。在赌博时你的下注的对象是赛马比赛、彩票抽奖、老虎机或21点游戏的结果，在此过程中你没有获得任何真实事物任何部分的所有权。

▼ 投资可以促进公司之间竞相创造产品和服务，从而提高社会生产力，增加社会的总体财富。赌博只是一个零和游戏，只会在赢家和输家之间转移财富，不创造社会价值。

▼ 从事投资通常要求你具备更长期的视野，并且风险不像赌博那么大。如果你喜欢根据热门消息行动，会盲目选择一只个股且不进行必要的研究，那你的行为就更接近赌博。过于主动的交易方式也不像投资，更接近赌博。假如你的交易目的是追求刺激，或者想在短期内大获全胜，那你就是以赌博的心态在交易。不应将投资仅仅视为一种娱乐。如果你以玩家的心态进入市场，将新闻热点、谣言、故事和推测作为决策依据，那你可能只是打算搏一搏运气，算不上一个正儿八经的投资者。但也不是说一定要将投资视为不需要任何热情的苦修，在努力实现投资目标的过程中，你可以享受一路上的各种经历。

"如果你感觉投资如同娱乐，让你感到快乐舒心，你很可能没有在赚钱。好的投资都是很无聊的。"

——乔治·索罗斯

陷阱 2

认为好公司必然对应好股票

为什么好公司或好产品不一定是好的投资对象

你是否曾经为某家公司或其提供的产品和服务倾倒？该公司可能拥有优良的管理、家喻户晓的领导者、极高的品牌辨识度、持续增长的收入和利润等。但这并不代表你应该投资这家公司的股票。因为情感因素造成的偏差，很多投资者无法区分好公司和好的投资对象。虽然看起来两者的区别好像只是称呼不同，但实际上不只如此。

那些被大众视为"必买"的公司有一个问题，就是每个人都想要买到它们。这样的公司吸引了大量的投资者，尤其是机构投资者，强劲的需求会将股价推高到一个脱离实际的价格。因为交易价格远高于其内在价值或真实价值，这种股价是不可持续的，投资这类股票可能是一个错误。这些公司的股价在熊市中可能会跌落神坛。另外，投资者也应该避开那些夕阳产业中的公司。你要投资的应该是那些有坚实商业基础的公司的股票，并在投资期中逐渐通过股价升值、分红和股份回购等方式获利。但如果股价被高估了，这些都无法实现。总而言之，一家好公司并不总是一个好的投资对象。

"很难以便宜的价格买到热门的股票。专注于周期性低迷的行业中基本面良好但不受欢迎的股票，才能获得优异的长期收益。"

——西蒙·默威尼

陷阱 3

忘记关注价值

为什么应当关注股票的价值而非价格

投资者往往假设一只股票的真实价值是与其价格（市场价值）相关的，但是情况并不总是如此。市场对证券的定价是有可能出错的。虽然购入一只低价的股票看起来很划算，但是其本身的价值可能更低。衡量一笔投资是否划算的最终指标，是其所有未来现金流的贴现值是否大于或等于其当前价格。你购买某资产的价格不应该高出其未来现金流贴现值的总和太多。

内在价值衡量的是一家公司的实际或真实价值，市场价值衡量的是一家公司的当前价值，并反映在其股票价格上。内在价值是从公司的业务前景出发推算得到的，而市场价值是由投资者买卖公司股票的供求因素推动的，因此公司的市场价值可能会显著偏离其内在价值。能引起股价下跌的因素很多，如公司基本面恶化、管理层变动、行业竞争加剧等。此外，心理因素和市场情绪也能影响价格，有时候股价可能只反映投资者热情的上升或下降。在投资需求强劲的时候，股票的市场价格往往会超过其内在价值，可能会估值过高；而需求疲弱可能会导致公司的股票估值偏低。判断是基本面还是情绪正将股票价格推到某个极端水平，对于大多数投资者而言是一个挑战，因为就连专业的股票分析师对于如何估计股票的内在价值都没有形成一致的意见。

"股票市场充斥着这样一类人，他们知道所有东西的价格，但不知道任何东西的价值。"

——菲利普·费雪

"价格乃你之所付，价值乃你之所得。"

——本杰明·格雷厄姆

陷阱 4
买看似便宜的股票
买看似便宜的股票
为什么不要买入只是看起来划算的股票

你可能知道一句老生常谈的投资诀窍："低价买入，高价卖出。"这个原则看似简单，实施起来却并不容易。在资产价格便宜或被低估的时候买入是符合常识的行为，但这种策略的关键之处在于买入的是那些价格低而不是价值低的资产。一只售价高昂的股票从收益前景的角度看可能是配得上其价格的，而某资产价格低廉，并不意味着购买它一定是一笔好买卖或者将它加入你的投资组合是合理的。

投资者往往认为价格大幅下跌的股票是值得买入的，比如说价格已经大大低于该股票过去一年的最高点。但价格究竟是高还是低，只有事后才能看得明白。因此在买入看似便宜的股票之前，你应该多做一些研究，评估一下该股票的前景。真正被低估的股票的确有资本增值的机会，比如说很多一时失宠的股票，但它们往往容易被忽略，因为人们往往不敢逆市场潮流而动。

陷阱 5
只买市盈率低的股票
市盈率高的股票一定不是好的投资对象吗

精明的投资者通常喜欢关注股票的市盈率。股票的价格本身并不能告诉我们它是否便宜，但市盈率可以用来衡量一只股票是贵还是便宜。传统观点认为，投资者应该关注市盈率较低的股票（便宜的股票），理由是它们比那些市盈率高的股票（昂贵的股票）具有更合适的价格和更大的上升潜力。如果较低的市盈率代表被低估或错误定价，你就可以在这个价格买入股票，然后在价格上涨时获利。但遗憾的是市盈率本身并不能说明股票本身的好坏，它只是反映了股票价格与公司盈利的关系。

市盈率的计算方法是用股票的当前价格除以公司最近 12 个月的每股总收益，该比率可以帮助投资者确定股票的市场价值与公司盈利能力的相对关系。例如，15 倍市盈率表示投资者愿意为该公司每年 1 美元的盈利支付 15 美元的价格。市盈率较低的公司通常处于盈利增长潜力不大的成熟行业，市盈率较高的公司通常处于盈利增长潜力较大的成长型行业，如科技行业。

市盈率较低的股票不一定比市盈率较高的股票有更高的投资价值，原因如下。

▼ 不同行业的市盈率相差很大。如果要比较不同公司的市盈率，你需要选择同一行业或同样类型且具有相似特征的公司。

▼ 低市盈率的股票可能是垃圾股。一只股票的市盈率低可能是有充分理由的，有时市盈率较低并非定价有误，而是公司增长潜力不足或经营不善的正常反应。这种现象也可能发生在投资者数量较少的小公司股票上。

▼ 高市盈率的股票未必不值得购买。高市盈率可能反映了市场对该公司前景的乐观情绪，这通常表明投资者预期该公司未来会获得更高的盈利。如果公司的基本面表现保持强劲或持续改善，

高市盈率股票的价格仍然可能进一步大幅上涨。在分析一只股票时，其市盈率只是反映公司状况的指标之一。尽管你今天可能为一家公司的盈利支付了额外费用，但关键问题是其预期增长率是否配得上这笔溢价。

"在股票市场最该关心的只有一个东西：预期收益。如果公司能赚更多的钱，其股价最终必将上涨。股价只是公司盈利能力的反映，其他的东西都是噪音。"

——彼得·默劳克

"价格太高并不意味着其接下来会很快下跌。有些东西定价过高，但该价格可能会持续很长时间甚至还会高得更离谱。"

——霍华德·马克斯

陷阱 6
尝试择股
为什么择股往往不能成功

优秀的择时者和优秀的选股者都是极为难得的金融人才，可以创造惊人的价值。为了选出适合投资的股票，投资者或分析师会使用系统分析的方法来确定一只股票是否值得购买，或是否适合加入某个特定的投资组合当中。如果你真的具有这样的能力，就能够变得极其富有。

然而，从数量众多的股票或其他证券中挑出黑马，就如同对未来做出预测那样，不存在什么万无一失的方法。相关研究清楚地表明，如果投资者频繁交易并试图挑选出适合投资的股票，他们通常会亏损。只有一小部分的所谓专家能成为优秀的选股者，但他们的成功也要部分归功于运气。毫不奇怪的是，有一些专业选股者在这方面表现得比其他人更优秀或更幸运。他们一般是主动管理型基金经理。尽管有证据表明，一些共同基金经理也具备一定的选股技巧，但你不太可能在其有优异的业绩之前发现这一点。此外，在某些市场环境下（如牛市或市场上升期）表现良好的选股者，在市场环境变化之后是否能继续维持良好表现，也存在不确定性。因此当未来情况发生变化时，这些基金经理能否继续跑赢大盘还是个未知数。平均而言，在经过风险调整和考虑税收后，个人投资者和主动管理型基金的平均表现是比不上相应的市场基准指数的。选股会失败，是因为成熟市场是相对有效的。也就是说根据目前的公开信息，股票的定价通常是"公平"的。

即使你有幸投资了一只由选股能力优秀的基金经理管理的主动管理型基金，你也不一定能从中获利，因为其高昂的管理费用会吞噬部分或全部由高超选股技术带来的额外收益。此外，来自其他投资者的新资金会越来越多地流入这些"赢家"基金，使它们的规模变得过大，以至于击败市场实际上已经不可能了。因此精明的投资者早就坚定地将资金从主动管理型基金，转向了指数基金和 ETF 等其他被动管理型基金。在主动管理型基金中，基金经理或管理团队决定将基金的资金投资于何处，其风险通常比指数基金更大。在被动管理型基金中，基金经理不选择具体的证券，只是试图复制某个指数的成分股的镜像，如标准普尔500 指数。指数基金投资时间更长，成本也低于主动管理型基金。投资指数基金和 ETF 的全球组合要比投资主动管理型基金更为明智。这样做可以使你获得低费用和多样化投资的好处，同时避免落入选股陷阱。

如果选股是一种徒劳的行为，为什么媒体仍然一直在谈论它呢？为什么很多个人投资者也一直在做这件事呢？原因很简单，这些投资者是追逐梦想的傻瓜。他们强烈希望自己的业绩能超过市场平均水平，并相信自己比其他投资者更精明。但要记住，每次你购买一只股票，就会有一个投资者卖出。那在这次交易中究竟谁才是对的？选股者都确信交易的对手方要么是愚蠢的，要么就是信息有误。然而，想看谁才是被误导的一方，他们通常只需要照照镜子。作为一名投资新手，你最好把注意力集中在对自己的整体业绩有重大影响的决策上，如确定适当的资产配置方案，而不是试图通过择时或择股战胜市场。

> "在这个行业里如果你很厉害，也许能做到 10 次有 6 次正确，想 10 次对 9 次是不可能的。"
>
> ——彼得·林奇

> "想挑出优于平均水平的股票，就像大海捞针一样难。"
>
> ——罗伯特·罗利赫

陷阱 7
追逐最近业绩好或收益高的股票
为什么要避免从后视镜中选股

许多投资者喜欢买入最近的赢家股票，或追逐当前的热门公司，这可能意味着他们落入了陷阱。他们被当前表现最好的股票、资产、基金或行业吸引，并希望参与其中。从本质上看，这些投资者在试图通过观察过去的赢家，来挑选未来的赢家。这是一种错误的策略。正表现强劲的公司会吸引投资者，就像火光吸引飞蛾一样，但结果往往会是两者都受到伤害。认为之前的赢家股票有望进一步上涨的想法看起来很诱人，但相关证据并不支持这种看法。也有人认为热门的基金经理能够持续跑赢同行及指数，但大量研究表明该观点是错误的，在扣除相关费用后其保持业绩领先的假设并不成立。事实恰恰相反，根据标准普尔的研究论文《持续性记分牌：过去的表现重要吗？》，更常发生的情况是，最近表现最好的基金在之后一段时期内会变成表现最差的基金之一，而不是继续保持之前的好表现。

当然，也有例外，如会在短期出现的动量效应。动量效应是一种常见的市场现象，即某些资产的价格在一定期限中持续表现出某种趋势。这种效应可能是基本面变化的反映，但也可能体现出股票价格与基本面价值之间的偏离在日益增大。如果某个资产的强势表现已经持续了几年之久，很可能那些精明的钱已经转移了阵地，剩下的都是还在疯狂进入的傻钱。精明的投资者的进入时点要么是业绩周期开始之前，要么是业绩周期初期，绝不是在媒体大肆炒作之后。事实上，有证据表明，美国股票基金只有非常小的一部分能连续三年业绩保持在行业的前四分之一。这一发现表明，虽然部分主动投资者在某些市场环境中表现良好，但是他们并不能在所有环境中都取得成功。投资业绩低于平均水平的那些投资者表现低迷，在很大程度上是由于其执着于选股、择时、追逐业绩等，或者支付了过高的佣金。

不幸的是，提前识别出能够长期跑赢市场的资产是非常困难的。影响资产表现的因素实在太多，包括但不限于宏观经济状况、利率和政策环境等。不要将资产的短期业绩作为决定是否投资的唯一标准。追逐赢家并不是什么安稳的策略，而且有可能导致灾难性的后果。你应该提醒自己过去的表现并不一定代表未来的结果，将关注点放在未来可能发生的事情上，不要过分看重过去已经发生的事情。从长期来看，经济基本面驱动着市场，但不幸的是没有万无一失的方法可以用来推测哪些股票或基金将在未来表现出色。所以不要浪费时间和努力在徒劳无功的事情上面，最好的办法是坚持遵守投资纪律并用长远的眼光看问题，这样操作的投资效果将远远好于不停地追逐业绩的效果。对于大多数投资新手来说，买入并持有的策略优于追逐业绩的策略。

还有一个与追逐业绩类似的现象，即有一些投资者会追逐那些分红水平显著高于同行业其他公司的股票。但如果一家公司使用大量现金支付当季股息，它可能最终不得不在未来削减股息以应付其他费用。有时高红利是发放特别股息的结果，也就是说公司一次性分配了企业利润给公司股东。这通常是因为公司在某个季度或其他时间获得了超额利润，并不代表公司长期盈利能力的增长。一些业绩追踪系统在计算"年化股息率"这个指标时，没有过滤掉这些一次性的特别股息，造成了公司潜在盈利能力很高的错觉。总而言之，你在驾车前行的时候应该透过挡风玻璃往前看，不要一直盯着后视镜。要多关注和未来相关的信息，不要过分看重投资对象历史和当前的表现。

> "投资者犯下的最大错误，就是认为最近发生的事情大概率会持续下去。"
>
> ——瑞·达利欧

> "投资成功在很大程度上要归功于不胡乱行动。大多数投资者无法抗拒不断买入和卖出的诱惑。"
>
> ——沃伦·巴菲特

> "昨天的全垒打不能帮你赢得今天的比赛。"
>
> ——贝比·鲁斯

陷阱 8

过度交易

为什么过于频繁的交易会侵蚀你的收益

许多股票投资者都会遇到的一个常见陷阱是过度交易，即过于频繁地买卖股票。不幸的是，很多交易者在意识到这个问题时已经为时已晚。有几个原因可能导致过度交易，最常见的两个原因是没有明确的进入退出策略和屈从于短期情绪。如果放任不管，过度交易可能会导致悲惨的结局，如损失本金和利润被侵蚀。无论你是通过经纪商交易还是自己交易，每笔交易都是需要支付成本的。如果你频繁地周转股票以追求快速获利或止损，产生的交易费用会侵蚀你的盈利，降低你的收益。这种小而稳定的滴漏最终会让你付出很大的代价。与简单的买入并持有策略相比，过多的交易活动可能会导致收益大幅降低。过度交易还可能意味着缴纳更多的资本利得税。要避开这种陷阱，你可能需要对自己的交易活动施加一些限制，并严格遵守你的投资计划。

> "那些认为自己可以预测股市短期走势的人，还有那些向别人打听买入或卖出时点的人，正在犯一个大错误。"
>
> ——沃伦·巴菲特

陷阱 9

试图把握市场时点

为什么择时是傻瓜的游戏

你是否曾幻想拥有一个择时系统，让你能抓住每次上涨的利润，又能躲过每次下跌的损失？你肯定有过这种想法。从理论上看，择时是个天才般的好主意。但在实践中，无论是专业投资者还是普遍投资者都无法持续准确地预测短期市场走势。试图通过把握市场时点获得短期收益是有风险的，而且往往不是一个好主意。

对大多数投资者来说，除非运气特别好，否则择时策略不会带来太好的结果。如果有人能预测股票价格每一步的变动，那他就可以轻松成为亿万富翁。市场时点理论相信有人能预见市场将在何时发生变动。这种信念是一种幻觉，因为没有任何投资者和交易员拥有神奇的水晶球，或者拥有预知未来的能力。没有人能确切地知道市场的走向，或者准确预测市场的顶部或底部。如果你试图通过频繁进出市场来精准把握每一个小变化的时点，往往会错过市场上那些比较大的上涨。因此，不断地让你的钱在市场中进进出出可能是昂贵和不明智的，最后会导致你低卖高买，得到与华尔街格言低买高卖完全相反的结果。

市场上的确存在许多择时策略，但大多数是无效的。例如，有一种策略告诉你当市场上涨时持续满仓投资股票，并在股价开始下跌之前马上转投货币市场或现金，然后在股票市场触底时回到股票市场。要使这种策略奏效，你必须准确地知道什么时候进入市场、什么时候退出市场。你必须两次都是对的！总体而言，试图把握市场时点是在浪费时间，对投资成功是有害的，尤其是对投资新手而言。虽然市场择时理论对某些类型的交易员有一些吸引力，但是对长期投资者而言它尤其没有价值，因为其关注的是短期。

有哪些其他的策略呢？与其试图用有风险的择时策略赚快钱，不如采用被动的买入并持有策略。使用该策略，你可以购买股票并长期持有，不必考虑短期价格波动和技术指标。还有一个策略是不要一下子带着全部资金冲进市场，如果你认为某只股票值得一买，你可以先买入一部分"试水",然后采取观望的态度,等时机成熟再买进更多股票。如果接下来其股价暂时性下跌,但你仍然认为该股票有吸引力,你可以继续"逢低买入"。在通常情况下,不存在立即进入市场。当然,股价上涨的可能性是存在的,这会导致你少赚部分利润。

> "我从没见过能一直准确把握市场时点的人。"
>
> ——伯顿·麦基尔

> "如果你拿不住获利盘,就没钱为亏损盘买单。"
>
> ——杰克·D.施瓦格

陷阱10
过早卖出股票
何时才应考虑卖出股票

市场会随着时间推移有涨有落,不管是否有正当的理由。判断何时该卖出股票、何时该持有,是股票投资者和投机者面临的重要抉择。股票投资者通常会进行长线投资,而投机者则在市场上快进快出,试图迅速获利。正如伟大的英国经济学家约翰·梅纳德·凯恩斯指出的,投机者的任务不是根据一切可用信息来计算一项资产的合理经济价值,他们只需要判断某个其他傻瓜愿意为该资产付多少钱。虽然太快卖出股票可能有一些危险,但是也有一些正当的理由支持这样做。让我们先看看其中的危险,然后再谈谈卖出的理由。

过快卖出股票有几个不利之处。

▼ 税收。快速卖出股票的一个主要缺点是你要为自己的利润交税。如

果你持有股票超过一年，你将从资本利得税减免中受益。一般来说，这种情况下的税率会远低于持有时间少于一年就卖出的税率。

▼ 佣金及交易费用。使用传统的股票账户需要缴纳交易佣金，所以频繁出售股票会增加交易成本。

▼ 错失机会。如果过早卖出，你可能会错过未来大幅上涨的机会。

即使是使用买入并持有策略的投资者，也不应该买了一只股票后就在 5 年或 10 年的时间中把它抛在脑后。随着时间的推移，太多的因素能让一家公司及其业务脱离原有的轨道。以下是一些卖出股票的合理理由。

▼ 更好的投资机会。虽然目前持有的公司及其股票没有出现根本性的问题，但是可能出现了更有吸引力的项目，能提供更好的风险收益比。公司所处的行业、管理或竞争格局可能发生了变化，从而降低了该股票相对于其他投资机会的吸引力。

▼ 估值。随着时间的推移，一只股票可能会经历价格的大幅上涨，使其相对当时的基本面被高估。如果分析显示该股票未来进一步上涨的可能性似乎不大，那么现在卖出股票并实现收益可能是合适的。

▼ 投资分析错误。非常成功的投资者也会犯错。如果你意识到你之前的某个分析是错误的，高估了一只股票的潜在收益或低估了其风险，那么就要承认错误，此时卖掉这只股票是有意义的。

"试图一直挑选出表现超出基准的股票，就像穿着泥泞的靴子跑马拉松。"

——理查德·A. 费里

陷阱 11
放任小损失变成大损失
为什么应该止损而不是等待价格恢复直到回本

非常成功的投资者或交易员也会有失意的时候。有时候，由于市场固有的波动，股票的价格会朝着与你的预期相反的方向移动，导致你亏损。如果损失很小，比如只有几个百分点，你不应该立刻退缩或放弃。因为即使是处于健康状态的名副其实的公司，其股票价格也会经历波动或下跌。你需要批判性地评估你最初的分析，判断究竟是你最初的判断错了，还是市场仍然在低估该股票的价值。但你还是应该预先设定一个退出点，这样才能保护好自己的本金。例如，如果股票价格下跌了7%～8%，你可能决定对其进行批判性的重新评估。如果你的评估显示股价有可能反弹，你可能会决定至少暂时持有它。否则，你应该卖出股票以避免更大的损失。等待股价再次上涨可能会是个错误，因为股价要回到之前的高点可能需要很长的时间。承受一只股票的小幅下跌可能很轻松，但大的损失会严重损害你的投资组合。

然而，许多投资者无论如何都会选择继续持有亏损的股票，尽管卖出这些亏损的股票和出售其他股票相比可以带来实际的税收优惠。什么原因导致了这一现象？因为投资者可能不愿承认自己之前的错误，也不愿立即确认损失。因此，他们会拒绝在亏损的情况下卖出股票。但是要记住，不管你是否立刻卖出股票，损失都已成定局，因为纸面上的亏损也是亏损。精明的投资者应该尽量将损失控制到最小。

"你必须弄明白何时该坚持、何时该放弃、何时该离开、何时该加速逃离。"

——肯尼·罗杰斯

> "持有亏损头寸并指望回本不是什么投资计划或交易策略，这只是傻子的自杀表演。"
>
> ——弗雷德·麦卡伦

陷阱 12
高买低卖
什么因素会导致你违反低买高卖原则

可能你已经知晓，投资中最基本的原则就是低买高卖。这个原则听起来很简单，要在实践中始终如一地实施它却很有挑战性。你如何知晓价格在何时达到了最低点或最高点？在实践中，你只能通过事后回顾来确定极端值。价格通常在市场恐慌时达到低点，在市场泡沫时达到高点，因而产生了低买高卖的绝佳机会。但市场也可能会继续朝着某个方向移动，覆盖之前的高点和低点。有许多工具可以帮助你判断价格是否达到了高点或低点，如移动平均线、商业周期和市场情绪等，但是这些工具并不是万无一失的。

不幸的是，人类的天性表现为交替出现的恐惧和贪婪情绪，限制了投资者遵守低买高卖原则。投资者习惯于跟随大众行动，形成羊群效应。虽然大众可能在很多方面是正确的，并且共同行动会让人感到安全，但是在极端情况下大众总是错的。当股价高企时，许多投资者都不希望被排除在游戏之外。但不幸的是，大多数个人投资者要等到主流媒体都开始关注股市的强劲表现后，才会听说这个消息，而此时股票的价格可能已经被高估了。然而，贪婪迫使他们相信价格将继续上涨，所以他们会在价格高企时购买股票。而当股价下跌时，恐惧情绪会占据上风，导致他们以低价抛售股票。因此，他们最终的行为表现为高价买入，低价卖出。随着时间的推移，市场往往又会使投资者从恐惧转向贪婪。一言以蔽之，投资者常常在股价一飞冲天的时候拼命挤上车，最后却在一路下跌的过程中卖掉一切。

在投资过程中千万不要让个人情绪左右你的行动。精明的投资者会将投资决策建立在理性和纪律之上，避免感情用事。对于长期投资者来说，市场周期性的下跌不过是漫长投资旅程中的减速带。在下跌时不要惊慌，应该把它们看作买入的机会。购买股票的最佳时机是大部分人感到恐惧的时候，比如在市场刚经历过大幅下跌的时候。而最好的卖出时机是大家都贪婪的时候，这往往发生在大牛市出现之后。然而，很多投资者往往只想顺着市场潮流游动，不敢采取逆市场大潮而上的行动。

"在别人贪婪时恐惧，在别人恐惧时贪婪。"

——沃伦·巴菲特

陷阱 13
下跌加仓以挽救亏损仓位
为什么说下跌加仓策略暗藏风险

如果你和大多数投资者一样，你就也会讨厌赔钱的感觉，因为这意味着你可能犯了错误。虽然在投资中犯错是很常见的，但有时承认错误是一件很难的事情，因为这样做会让你感受到自己的无能。当事实挑战你的信念时，拒绝这个事实可能是一个自然的反应。因此，一些投资者会试图通过下跌加仓策略来掩盖他们的损失。下跌加仓指在股价大幅下跌时进一步买入已经持有的股票，通过增加一些成本更低的仓位来降低平均持有成本，这样损失程度看起来就没有那么大了。在这个过程中，投资者没有正视他们可能已经犯了错误的事实，而是选择加倍下注。例如，假设你购买了 100 股股票，每股 50 美元。该股票的价格现在下跌到每股 40 美元。以当前市场价格再买入 100 股意味着总计 200 股的平均价格是 45 美元，而不是最初的 50 美元。尽管降低股票的平均成本会让人产生错觉，认为损失没有像以前那么大了，但这只是掩盖之前判断错误的一种无益尝试。下跌加仓可能是一个暗藏风险的投资策略，因为如果股票继续下跌，你的总损失会继续加大。精明的投资者不应该随意采用下跌加仓策略，因为这可能会让你的优质资金步失败投资的后尘。

为什么很多投资者会采取这种加倍下注的行为？一个原因是他们在心理上更愿意相信自己仍然是正确的，即使事实证明恰恰相反。另一个原因是心理学家所说的认知失调，这是当某人同时持有相反的信仰、思想或价值观时会产生的一种心理压力。例如，你可能在心里认为自己很精明，但这个自我评估受到了威胁，因为有证据表明你做了一些不精明的事情，如买了一只持续贬值的"热门"股票。此时认知失调会威胁到你原有的自我评估，这会让你感到不舒服。为了降低认知失调，你要么得修正自我评估，要么得接受新的证据。你觉得自己会怎么做？你可能不愿承认自己错了，会坚持自己最初的信念，认为这只股票仍然值得买入，所以会以更低的价格买入更多。然而，精明的投资者会承认自己的错误，从中吸取教训，然后继续前进。他们认识到了除非能够从错误中吸取教训，否则就无法成功。

> "最危险的事情是在某个东西最受欢迎的时候买入它。在这个点位，它的价格已经反映了所有有利的事实和观点，不会再出现新的买家。"
>
> ——霍华德·马克斯

"越早承认错误，你就有越多的时间去从中学习和成长。"

——埃德蒙·莫比亚卡

陷阱 14
购买低价股
为什么要避免对低价股的迷恋

假设你有 5000 美元要投资，有两种投资方式可供选择。你可以买 5000 股价格为 1 美元的股票，或者买 100 股价格为 50 美元的股票，哪种选择看起来更好？许多投资者会选择第一种方案，因为它看起来更划算，而且似乎提供了获得更多收益的机会。如果你喜欢低价股，也就是那些股价低于 5 美元的小公司，你并不孤单。许多投资新手把低价股看作彩票，期望能够以小博大，把一笔小投资变成一大笔财富。虽然这样的赌博有获胜的可能，但是概率很低。低价股便宜是有原因的，它们可能并不是好的投资对象。

大多数低价股是交易量小的高风险股票，这意味着它们缺乏流动性。它们通常在场外交易，而不是在纽约证券交易所等正规交易所。由于资产规模小，公司向公众披露的相关信息是有限的，经营或财务记录也可能不太详细甚至根本没有记录。共同基金、养老基金和保险公司等机构投资者持有了美国大公司股票的近 80%，但它们很少投资低价股。如果没有机构投资者参与推动股价，一只股票的价格不太可能经历强劲的上涨。

这些交易量小的股票也容易成为各种欺诈行为的载体，如拉高出货的坐庄行为。拉高出货是一种股票市场欺诈行为，庄家利用虚假的或具有误导性的利好消息人为抬高股票的价格，然后再以较高的价格出售很久之前以低价购入的股票。专业诈骗者和不诚实的股票推手经常推销有关低价股的新闻，他们往往都是利益相关者，通过抬高某些无价值股票的价格从中获利。由于这些股票的流动性很低，庄家很容易通过少量买入迅速抬高价格，但当很多投资者都试图出售这些资产时，它们的价格会以同样的速度迅速下跌。所以低价股具有高度投机性，不适合投资新手参与。与低价股的恋情可能会非常短暂，只留给你一颗破碎的心和一个空空的钱包。因此，与其盯着股票价格不放，不如多关心你投资的公司的内在价值。精明的投资者不会对低价股报以过高的期望。

"买低价股的人要做好损失全部投资的准备。"

——美国证券交易委员会

陷阱 15

将牛市带来的收益归功于自己的智慧

为什么要在市场周期的背景下回顾自己的投资表现

在牛市期间，投资者应该牢记"水涨船高"这句成语。该成语经约翰·肯尼迪总统之口而流行，他认为当时强劲的经济给各个层次的企业和个人都带来了好处。牛市的特征是市场整体性的持续上涨，国家经济表现总体强劲，就业率水平处于高位。毫不奇怪，参与到牛市中的投资者能够赚取利润。因此，如果你在牛市中赚了钱，不要把成功完全归功于自己的明智决策，你可能只是在正确的时间出现在了正确的地方。但投资者经常有自我归因偏差或者说自利性偏差，该偏差让他们将成功的结果归因于自己高超的技能，将失败的结果归因于外部因素作祟或运气不好。

在牛市中，最理想的策略是在上涨趋势早期买入股票，然后在股价达到最高点时卖出，最大限度地利用价格上涨。这种策略有一个问题，那就是准确判断底部或峰值实际上是不可能的。在实际操作中，个人投资者通常在价格大幅上涨后才会参与到牛市中来，这限制了他们的利润空间。

有一个更能说明你投资能力的因素，那就是你在熊市期间的投资表现。在熊市中，个股股价普遍下跌，经济增速放缓，失业率上升。投资者对市场前景的担忧动摇了他们的信心，市场情绪（一般投资者对金融市场的普遍看法）是悲观的。投资者开始将资金撤出股市，转向固定收益证券等更安全的投资，以等待形势好转。

在熊市中亏损的可能性更大，因为各种资产的价格都在持续下跌，而且看不到停止的迹象。即使你相信情况会好转并决定继续投资股市，也有可能在好转到来之前蒙受更大的损失。

但以下几种策略在熊市中也可以让你获得较好的潜在收益。

▼ 购买防御型股票。降低熊市影响的一种方法是投资防御型行业的股票。防御型行业是那些受市场周期影响较小的行业，如公用事业、医疗保健和消费品等。由于具备非周期性，它们不太容易受到经济衰退的影响。在投资组合中加入防御性行业的股票可以降低整体波动性。

▼ 参与做空交易。一种可能从熊市中获益的方式是做空，即借入证券再卖出。具体操作是从经纪商那借入非你所有的股票，然后以当前的市场价格出售这些股票。如果未来股价下跌，你可以以较低的价格购回这些股票，然后还给经纪商。要注意，做

空的风险是非常大的。如果股价上涨，你就会赔钱，并可能损失惨重。在做多时，你的损失是有限度的，即使股价跌到 0 美元，你也只会损失投资额的 100%；但做空时，你可能会损失更多，因为股价是没有上限的。

你应该在完整市场周期的背景下衡量自己的投资绩效，而不要单独分析牛市或熊市。为什么？因为在一边倒的市场中评估短期表现可能会出现偏见。市场是按周期循环的，你需要在上涨和下跌的市场中都能有良好的表现才行。要正确衡量你的投资技巧，需要检查你的投资组合在一个完整市场周期中相对于某个基准指数的总体表现。如果有迹象表明牛市即将结束，你要有能力确保你的投资组合能够承受即将到来的熊市。在处于熊市中时，你也要做好在牛市来临时抓住买入机会的准备。

"如果牛市能够持续，那些冒了巨大风险的人会获得巨大的收益，看起来不会受到任何惩罚。正如有些罪犯没有受到法律惩处，有些出轨者没有愧疚感一样。"

——罗恩·彻诺

陷阱 16
过于相信"专家"和财经媒体
为什么要排除噪音的影响并对所谓专家建议保持合理怀疑

你可能会认为财富管理经理和投资组合经理等金融专家的投资能力应该比非专业投资者要强得多。但大量研究表明，在考虑了相关成本后，大多数基金经理和其主动管理型基金的表现没有超过相应的市场基准。如前所述，试图在风险调整的基础上持续跑赢市场是非常困难的，而且也没有方法保证你有能力一直提前识别出会在未来表现出色的基金经理。过去成为赢家并不能代表他们明天的表现依然会闪耀。想一想职业运动的例子，有多少球队能连续两年赢得超级碗或世界大赛？并不太多。

今天，社会媒体已经无所不在了，只要你有智能手机、电脑或电视，就可以 24 小时接触财经新闻和各路专家的意见。但你要问问自己，为什么有人会免费或仅收取少量费用，就为你提供那么多有价值的择股秘诀和投资建议？他们这么做的目的何在？如果这些信息真有那么大的价值，消息提供商或金融分析大咖自己就可以利用它们来获利。如果盲目地信奉权威人士或市场专家，你不仅无法获得他们口中承诺的收益，反而会感受到自己的愚蠢。事实上，绝大多数的市场预言家的不靠谱都是出了名的。因此，听从这类秘诀行事在最好的情况下也只是一种投机性赌博。如果你正在考虑按照某个热门秘诀采取行动，你应该先仔细分析它的来源，做好功课，或者找一个能为你着想、值得信任的专业金融顾问寻求一些参考意见。

你还需要小心购买那些因为拥有知名高管或明星产品而受到大众追捧的公司的股票。在大部分情况下，媒体对公司的炒作都发生在其股价已经大幅上涨之后，而且很多被吹捧为"板上钉钉"的事情都存在改变的可能。媒体的热炒可能只是为了吸引那些对该公司了解甚少但希望参与进来的散户投资者，这样那些机构投资者或其他大户就能解套出场，获得利润。毕竟大型投资者想要获利退出就需要其他投资者来接盘。

类似的情况也发生在那些被大肆宣传的首次公开募股（initial public offering，IPO）中，如一些热门科技股。这些新股在发行后，股价往往会飙升，反映出旺盛的投资者需求。因为大多数散户投资者在公司上市之前无法参与其中，如果他们想买这家公司的股权，只能在其上市后支付更高的价格。考虑到股票前景的不确定性，你最好等 6 个月到 1 年再去买这些新上市公司的股票，这样才有机会对这些股票的真实价值进行更准确的评估。

总之，你应该弄清在投资中谁是你的朋友，谁是你的敌人。有些虚假的朋友（如一些寡廉鲜耻的投资专家）会假装站在你这边，但实际上他们的利益和你是有冲突的。

> "我真傻，有个经纪商说这只股票'随时准备上涨'，我还以为他的意思是这只股票真会上涨。"
>
> ——兰迪·瑟曼

> "我要是早点听从美国财经频道的建议该多好啊，那我现在就会有 100 万美元了，假如我一开始有 1 亿美元的话。"
>
> ——江思图

本章要点

放任自己踏入本章讨论的任何投资陷阱，都会让金钱和财务安全离你远去。如果能够避开它们，你的投资道路就会变得更加平坦，因为你已经称得上是一个精明的投资者了。记住，要做一个长期投资者，不要热衷于短线交易。把具体的交易留给专业人士来做，即使他们中的大多数做得不那么好。作为总结，下面是一些为投资新手专门准备的本章要点。

▼ 找到靠谱的公司，以合理的价格买入其股票，并做好长期持有

的准备。

▼ 关注公司的真实价值，而不是其股票价格。

▼ 不要试图通过短线交易来捕捉短期走势。

▼ 不要试图靠小聪明战胜市场，从长期来看你做不到。

▼ 避免自毁行为，如追涨杀跌、过度交易和下跌加仓。

▼ 及时止损，看不懂就离场。

▼ 买入并持有，但别遗忘。

▼ 别坐市场情绪的过山车。

▼ 远离炒作，记住没有稳赚不赔的投资。

▼ 小心无事献殷勤的"专家"。

第 3 章

共同基金和 ETF 陷阱:
你不知道的行业秘密

"我觉得你可以做得和大多数专业投资者一样好,
因为大多数专业投资者都没有战胜市场。我不想过
度夸耀自己的生意,但如果你有时间的话,可以投
资一些业绩良好的基金。"

——吉姆·克莱姆

"疯狂金钱"脱口秀主持,"街区在线"公司联合创始人

颠覆性的想法和技术往往会改变整个行业的面貌。亚马逊永久性
地改变了零售市场,优步改变了出租车行业和交通运输业。再想一想旅
行社、报纸和传统电视网络的命运,你就明白这个说法所言不虚。同样
戏剧性的一幕也曾发生在投资行业。就在半个世纪前,一个颠覆性的革
命性想法大大改变了该行业。这个想法就是指数投资,发明者是诺贝

尔经济学奖获得者保罗·萨缪尔森。之后先锋集团的创始人约翰·"杰克"·博格又将之变成了普通消费者也能购买的金融产品。指数投资概念其实非常简单。传统基金的运作方式是向投资者收取高额费用，然后试图利用基金经理优秀的选股能力挑选出市场中的赢家股票以跑赢大盘。而新型的低佣金指数基金不再追求主动选股，只是按照目标股票指数的配比购买其成分股，试图完全复制指数的表现。平均而言，在扣除佣金和其他成本后，主动管理型基金的历史表现不如大盘。如今，许多精明的投资者也逐渐选择遵循在金融市场求生的一条关键法则：如果战胜不了市场，那就加入它。

指数策略现在已经成了共同基金和ETF最为流行的交易策略。先锋集团也已经成了世界上最大的投资管理公司之一，下辖413只子基金，管理着4.9万亿美元的资产，为全球约2000万投资者提供服务。目前指数基金管理的财富总量接近7万亿美元，约占所有股票型基金总资产的43%。著名的《财富》杂志曾将博格评为"20世纪四大投资巨人之一"。在本章中，我们将讨论与共同基金和ETF投资有关的一些话题，还将告诉你如何避开一些常见陷阱。

共同基金是一种为管理投资组合专门创建的投资公司，但这些投资组合的所有权属于共同基金的投资者。这类共同基金会出售基金份额来换取投资者手中的资金，然后将筹集到的资金投到股票、债券或货币市场，以实现预先设定的投资目标。不同基金的投资目标是不一样的，有些基金主要投资有长期增长潜力的证券，有些则投资能产生大量当期现金流的证券。也有一些基金会专门投资特定行业、地区或证券类别。每单位共同基金份额的价值，或者说资产净值（NAV），等于该基金所持投资组合的总市值减去其总负债，再除以基金发行总份额数的结果。当投资组合中的资产升值时，基金份额的价值也会随之增加；当投资组合的价值下降时，基金份额的价格通常也会下跌。

在讨论与共同基金投资有关的陷阱之前，让我们先来学习一些背景知识。共同基金这样的集合投资工具已成为一种非常流行的投资方式，对它们的强劲需求在美国催生了9000多只基金，在全球则达到了11万只之多。在美国，这些基金持有约18万亿美元的各类资产。一些大型基金公司的名字已经家喻户晓，如黑石集团、先锋集团、道富环球投资管理公司和富达基金。你也可能在自己雇主的养老金计划中听过这些公司或其他基金公司的名字，因为共同基金在这类计划中起着关键的作用。

共同基金之所以受欢迎，是因为它们具有许多巨大的优点。

▼ 可负担性。只需要投入少量初始资金便可参与购买共同基金，并可以逐步增加购买数量。这让你没多少钱就能开启自己的财富积累之旅。

▼ 专业管理。共同基金会聘请专业的基金经理来替投资者做相关研究，包括买卖什么资产、何时交易及如何监控投资组合。

▼ 分散化。共同基金可以让你获得一个充分分散化的投资组合，通过投资各种具有不同投资特征的资产来降低风险。仅有少量资金很难做到"不把所有鸡蛋放在一个篮子里"，而共同基金能将成千上万投资者的资金聚集起来，可以很容易地做到分散化。

▼ 流动性。共同基金有很高的流动性。流动性是资产的一种属性，流动性高的资产容易低成本买入，并迅速低成本卖出。

▼ 灵活性。共同基金灵活性很高，因为市场上存在各类不同投资目标的基金以供选择。

可以根据购买的资产类型和投资策略对基金进行分类。例如，市场上有投资股票的基金（股票型基金），有投资债券的基金（债券型基金），或者两者都投资的基金（平衡型基金或混合型基金）。一种股票型基金的分类方法是按其投资目标公司的市值：小盘股基金专门投资市值低于3亿美元的公司，还有中小盘股基金（目标公司市值3亿～20亿美元），中盘股基金（目标公司市值20亿～100亿美元）和大盘股基金（目标公司市值大于100亿美元）。此外，基金还可以分为成长型和价值型。一般来说，投资者认为市盈率高的股票是成长股，市盈率低的股票是价值股。股票型基金也可以专门投资特定的部门或行业，如公用事业、医疗保健、金融和科技。债券型基金也可以按投资的债券期限、信用风险水平和发行人等特征进行分类。如此丰富的选择能满足你对投资组合特征的各类要求。

共同基金有两种最常见的类型，即开放式基金和封闭式基金，还有与这两种共同基金密切相关的ETF。

▼ 开放式基金。开放式基金可以发行的基金份额数量是没有限制的，或者说其是一直开放的。每当有人要买，都可以直接从基金公司购买份额，基金公司可以随时创设新的份额。当你卖出时，也可以把份额直接卖回基金公司，基金管理人会把这些份额注销掉。每个交易日结束时的单位份额资产净值，决定了开放式基金的价格。

▼ 封闭式基金。封闭式基金在创建投资组合之后，只会发行固定数量的基金份额。你可以像买卖股票一样在交易所买卖这些份额。封闭式基金已经存在了几十年，但随着ETF的流行，它们

已经风光不再了。ETF 具有封闭式基金的一些优点，但没有其大多数缺点。

▼ ETF。ETF 是增长最快的基金类型，与前两种共同基金有相似之处，但也有明显的区别。与开放式基金一样，ETF 可以迅速发行新份额，但只能在交易所进行交易。ETF 变得流行，是因为大多数 ETF 采用被动投资方法来跟踪指数，降低了成本。

尽管有许多吸引人的优点，但是共同基金和 ETF 也有一些缺陷，突出体现在接下来要介绍的各类陷阱中。

> "共同基金的作用是让投资变得更简单，投资者可以不必再费心费力地亲自选股了。"
>
> ——斯考特·库克

陷阱 1
购买过去的赢家
根据历史业绩选择基金有何危险

如果所有的共同基金和 ETF 都配置同样的股票，并且比例相同，那么它们的总收益率将大致相同。为了脱颖而出并呈现出不同的收益特征，各家基金公司需要构建不一样的投资组合。如果一只开放式基金在其投资组合中超配医疗类股票，低配金融类股票，那么该基金的收益率就可能与其他基金不同。基金会以两种形象从同行中脱颖而出，赢家或者输家。如果一只共同基金或 ETF 在某年成了赢家，它往往会大力宣扬自己的优异表现。这些表现也会出现在各种排名和评级系统中，用以展现"顶级"共同基金最近的强劲表现。这样的广告十分奏效。这些过去的赢家强烈地吸引着投资者，就像火焰吸引飞蛾一样。飞蛾会被灼伤，许多投资者也一样。为什么会这样？因为市场是处于不断变化之中的，之前表现良好的股票和行业往往会在下一个时期表现不佳。

让我们来看一个例子。2016年，美国股票市场上表现最佳的是中小盘股，紧随其后的是大盘股、新兴市场股和国际股。2017年，情况发生了变化，新兴市场股表现最好，随后依次是国际股、大盘股和小盘股。2018年，排名再次发生变化，大盘股的收益率最高，其次是小盘股、国际股和新兴市场股。2017年表现最佳的新兴市场股在2018年落在了最后。这些周期性现象也出现在了不同部门、行业、投资主题和策略上。所以在你看到那些赢家共同基金的广告和排名的时候，它们的表现可能已经见顶了。

为什么投资者会被过去的赢家吸引？多种心理因素会让人产生如此行事的倾向。其中一种是被称为简单外推的认知偏见，它会促使投资者追逐过去的业绩。投资者无法直接看到未来，所以他们推断近期的表现将会持续。也就是说，他们会基于过去推断未来，于是将过去的赢家基金理所当然地视为未来的赢家。这种趋势在叠加所谓近因偏差的影响后会进一步加剧。近因偏差即投资者倾向认为最近发生的事件更为重要。本书第4章将会进一步讨论这类心理偏差造成的陷阱。

那么在现实中，投资者真的会购买过去的赢家基金吗？的确如此。相关研究表明，股票型开放式基金的资金流动与其过去的收益率之间存在很强的相关性。这里的资金流动是某只基金的买入量减去同时期的赎回量。该研究表明过去的赢家吸引了大量新资金流入，而表现不佳的基金会遭遇资金外流，或者说投资者会通过抛售基金份额来逃离它们。因此，投资者的确在追逐赢家基金，逃离输家基金。美国证券交易委员会要求基金广告中包含"基金过去业绩并不一定代表其未来业绩"的警告，希望该举措能起到保护投资者的作用，但大部分投资者的信念似乎恰恰相反。只有极少数的基金经理能够维持赢家地位，但持续时间也不会多久，但投资者只有在事后才能看到到底哪些基金能够获得成功。从历史数据看，如果某只基金的表现在一段时间内高于市场平均，最终它会迎来一段低于市场表现的时期。过去的赢家基金会在未来变换到输家的位置。因此，如果有人试图从今天的领跑者中挑选未来的赢家共同基金和ETF，更有可能会以买到未来的输家而告终。

> "投资就像棒球比赛。如果你想得分，不要盯着记分板，要盯着赛场。"
>
> ——沃伦·巴菲特

> "试图预测未来就像在没有灯光的夜晚在乡间小路上开车，还一直从车窗向后看。"
>
> ——彼得·德鲁克

陷阱 2
为基金买卖中的各项费用买单
买入和卖出共同基金涉及哪些成本

给你两个选项，一是在买卖共同基金份额时支付高额佣金，二是选择免费提供的买卖服务。你想选择哪一种？一些开放式基金会通过银行和理财顾问等渠道推销其份额。如果某个券商、银行、保险公司或金融咨询公司向你推荐了某只共同基金，那它们可能在代理该基金的交易，并且向你收取佣金。

在购买共同基金股额时交纳的佣金被称为前端费用，通常是交给中介而不是共同基金的。换句话说，你在投资基金的过程中被抽成了。许多被称为免佣基金的基金是不收取这项费用的。佣金的比例最高可以达到8.5%。这些费用的长期美元成本是多少？假设你投资了1万美元在某基金上，连续20年每年收益9%，整笔投资最终将变成56 044.11美元。但假设你一开始花费了5%的前端费用，也就是500美元，那就只剩下9500美元以9%的利率投资20年，投资最终会变成53 241.90美元。因为该费用，你损失了2802.21美元。

但是且慢，还不止这些。一些基金还会在你赎回基金份额时收取费用。这种费用被称为赎回费、递延销售费或后端费用，通常采用递减的费用结构。例如，如果你在购买基金后1年内出售基金股份，可能会被收取5%的费用。而如果你在第二年才出售，费用可以降至4%，以此类推。设立这些费用的目的是让你长时间持有这些基金。

幸运的是，许多开放式基金没有这些费用。你可能认为收取这些费用的基金会比免佣基金收益更高，但事实并非如此。因此，如果可能的话，你应该直接从基金公司购买免佣基金，不要通过中介购买。你可以通过晨星之类的网站来查询买卖基金的费用和其他成本。开放式基金和ETF是在交易所交易的，因此它们的交易成本与股票一样，而且没有上述费用。

"为了最大限度地利用资金，我建议你坚持投资那些在买卖时不收佣金的基金。"

——苏茜·欧曼

陷阱 3
选择费用高的共同基金
基金费用如何影响你的收益

投资研究中有一个主题在被反复探讨，那就是开放式基金和封闭式基金的平均收益率要低于以标准普尔 500 指数为代表的股票市场的平均收益率。两者的长期差距达到了几个百分点，为什么会有如此之大的差别？共同基金表现不佳的一个原因来自它们收取的费用。除了在上一个陷阱中讨论过的佣金外，很多基金在日常运营过程中也会收取费用，且不同基金的收费幅度差异巨大。

美国投资公司协会搜集了共同基金行业的相关统计数据，并在其2018 年为美国政府提供的报告中指出，主动管理型基金的平均费率为每年 1.25%。费率衡量的是基金每年在管理、行政和广告等项目上的支出占其总资产的百分比。尽管多年以来费率一直在不断下降，但是不同类型的基金之间存在很大的差异。大多数主动管理型基金的费率为0.66% ～ 2.00%，而指数基金的平均费率为 0.61%，中位数仅为 0.33%。因为指数基金的成本更低，其投资者可以获得更高的收益。尽管指数基金通常指用投资组合匹配特定股票指数的开放式基金，但是大多数 ETF也拥有指数化的投资组合。ETF 和指数基金都是低成本的投资选择。

基金的这些费用都使用了哪些名目呢？所有共同基金都收取管理费，用于支持基金的日常运营，包括提供专业管理服务产生的费用，费率 0.09% ～ 2.00%。费用最低的基金是指数基金。因为指数基金只需要按图索骥地购买其跟踪的指数中的股票，所以不需要聘请高薪的基金经理，也不需要进行太过频繁的交易。换句话说，这些基金是被动管理型的。试图跑赢大盘及同行的基金需要不断调整投资组合，这会推高费率。不同主动管理型基金的运营成本也存在巨大的差异，雇用超级明星或专业程度更高的基金经理可能花费巨大。主动管理型基金的资产换手率高于被动管理型基金，也会导致交易成本更高。一些基金还收取广告费用。没错，这些基金想让你为他们的自我推销买单。在美国这种广告费用被称为"12b-1"费用，最高费率达每年1%。许多基金不收取这种费用，所以有条件的话请尽量避开这些额外费用。

假设你投资了10 000美元的股票型基金，年收益率为9%。如果你一直不从该基金撤资，10年后这笔投资将增至23 473.64美元。然而，如果该基金每年收取1.5%的费率，那么你每年的净收益率只有7.5%。这笔投资最后只有20 610.32美元，比之前的基金业绩低2863.32美元。因此，将2863.32除以23 473.64，你的10年期收益低了12.2%。是的，每年1.5%的费率随着时间的推移和复利会导致你获得的钱变少。在20年的时间里，收取1.5%年费的基金与不收取年费的收益率差将超过24%。

有一个关于华尔街的有趣故事。第一次来到纽约金融区的游客可能会对停靠在华尔街旁边纽约港中的豪华游艇印象深刻。下午3点左右，银行家从宏伟的摩天大楼里涌出，热切地奔向他们的游艇。这些银行家居然有豪华游艇！客人问："那么，投资者的游艇在哪儿呢？"投资者没有游艇。投资者支付的所有费用会使银行家而不是投资者变得富有。因此，选择低费用、无佣金的基金吧，这才能给你而不是基金管理人带来好处。

"神奇的复利收益也抵挡不了残酷的复利成本。"

——约翰·博格

"当数万亿美元资产处于收取高额费用的华尔街专家的管理之下时，拿走巨额利润的通常是基金经理，而不是他们的客户。"

——沃伦·巴菲特

陷阱 4
禁不住主动管理型基金的诱惑
为什么有时要避开主动管理型基金

上一个陷阱提醒精明的投资者不要选择收费过高的基金。那具体哪些类型的基金收费高呢？高收费基金的一个典型特点是用高薪聘请明星基金经理构建和管理它们的投资组合。为了证明自己的高薪是合理的，这些基金经理必须创建一个与众不同的投资组合，并频繁交易。这种类型的基金被称为主动管理型基金。虽然有一些基金经理的决策有可能带来更高的收益，但大多数都没有这个本事。主动管理型基金都会试图跑赢市场，但相关研究显示其中大约 80% 在任何时期都表现不佳。

随着时间的推移，主动管理型基金平均业绩通常不能跑赢大盘。表现不佳的其中两个原因是前文讨论过的佣金和费率，第三个原因是频繁交易带来的成本。衡量基金交易频繁程度的指标被称为换手率，它显示了投资组合中的资产在 1 年内被换手的频率。例如，50% 的换手率意味着某基金在 1 年内卖出其一半的股票来购买其他股票。基金购买股票时以要价买入，卖出时以出价卖出。因为要价通常会高于出价，所以买卖价差构成了交易的一项隐性成本。基金交易得越多，这笔费用就会侵蚀越多的收益。收益低，费用又高，为什么要为这些主动管理型基金支付更高的价格呢？

"基金投资者相信自己能够轻松挑选出优秀的基金经理。他们错了。"

——约翰·博格

陷阱 5

忽略指数基金

为什么指数基金是大多数非专业投资者最合适的选择

上文介绍的两个涉及佣金和费用的陷阱，可以通过投资低成本指数基金的方法轻松避开。指数基金会试图完全复制某个股票指数的表现，如标准普尔 500 指数。这种投资策略源于一句古老的格言："如果打不赢他们，那就加入。"指数基金不需要高薪聘请天才型的投资组合经理来决定买卖什么或何时交易，因为根据设计，指数基金只需要按图索骥地购买对应股票指数中的所有成分股或一定数量的代表性股票。组成股票指数的成分股不会经常发生变化，所以指数基金的交易次数很少。与主动管理型基金相比，指数基金的费率要低得多。较低的成本使得指数基金的长期表现优于其他基金。

沃伦·巴菲特曾经与一家名为"门徒拍档"的对冲基金进行过一场精彩的赌局。该赌局发生在专门策划长期赌局的非营利性组织"长注"网站上。该网站上赌局的一般运行方式是这样的，由一个提案人提出一个关于未来的命题，留待一段时间以后用事实来证明其是对是错。提案人会声明一定数额的赌注和某个慈善机构的名称，如果其对该命题的预测错了，就要向该慈善机构捐赠与赌注金额相等的捐款。然后提案人会等待一个怀疑者的到来。该怀疑者不相信提案人的预测会成真，因此愿意下同样数额的赌注并指定慈善用途。沃伦·巴菲特提出的命题是，在未来 10 年里，投资几乎无成本的标准普尔 500 指数基金，其收益将好于多数投资专业人士的投资组合，打赌的金额是 50 万美元。最终应战的怀疑者是"门徒拍档"的基金经理泰德·赛德斯，他选取了 5 只"基金中的基金"(fund of funds，FOF)，认为这些以基金为投资对象的对冲基金足以战胜标准普尔 500 指数。这 5 家 FOF 持有 200 多只其他对冲基金。持有对冲基金代价不菲，它们会收取高额的管理费（在这个案例中平均费率为 2.5%)，并且通常还要拿走投资利润的 20%。不过，对冲基金也可以从事普通基金无法完成的交易。例如，他们可以使用杠杆（借钱投资）将投资组合集中在少数资产上，或者卖空（一种试图利用股价下跌来获利的方法）。因此，对冲基金可以实施更丰富的策略。巴菲特这边选择了先锋集团的标准普尔 500 指数基金，该基金的费率不到 0.1%。

这场为期 10 年的赌博于 2017 年底结束。指数基金的年平均收益率为 8.5%；5 只 FOF 的年平均收益率分别为 2.0%、3.6%、6.5%、0.3% 和 2.4%，总体年平均收益率为 2.96%。不仅这些主动管理型基金整体输给了指数基金，它们中任何一只的表现也都不如指数基金。巴菲特的胜利说明简单和低成本的指数投资方法的确效果拔群。

> "不要在草堆里找针，把草堆买走就行了。"
>
> ——约翰·博格

陷阱 6
为基金的资本收益分配纳税
为什么投资者没有卖出基金也要交税

基金在运营过程中会买卖股票和其他资产，有可能会因为资本利得而产生纳税义务。如果基金不愿意自己交税，就会将该义务转嫁给基金持有者。这种情况会发生在美国和其他一些国家，但并非所有国家都执行该操作，所以你需要确认一下持有的基金所在国的规则。也就是说，在某些情况下，你持有的基金会通知你去交税，它们可能会通过在年底公布每个基金持有者名下的资本收益分配的方式来做到这一点。资本收益分配与分红不同。各个国家的基金都会以分红的形式分派全年的投资和利息收入，许多开放式基金投资者会选择将分红收益再投资，换成更多的基金份额，这样分红就不会影响他们所持基金投资的总价值。他们将以稍低的价格获得更多的基金份额，但投资总价值保持不变。但如果你持有的是一只美国基金，你还可能收到一份格式标准的纳税通知表，告知分派到你头上的资本收益分配数量及相应要缴纳的资本利得税。

　　资本收益分配会带来一些问题，如降低投资者的税收效率。考虑到自己的具体情况，你可能更希望将股票放到下一年再出售，以延迟纳税——当因为持有基金份额而被动承担税收义务时，你没有获得任何相应的收入。也就是说你必须为一项还未实现收益的投资缴纳资本利得税，这真的让人烦恼。如果你买的股票价格涨了，你为了兑现盈利而卖出股票，就会产生资本利得引致的纳税义务。但如果你选择继续持有这些股票，这些未兑现的盈利就是未实现资本收益，无须纳税。也就是说，如果你选择继续持有股票，就不用交税了。不幸的是，基金的情况并非如此。事实上，你可能在年初以 50 美元的资产净值购买了一只基金，看着资产净值跌至 45 美元，但仍然面临资本收益分配。这意味着你可能必须为亏损的基金投资支付资本利得税。真是糟透了！

　　下面的案例研究将表明，基金的这种结构性税收缺陷可能会造成滚雪球式的损失。橡树岭小盘成长基金（ORSCG）专门投资成长型小企业，它的业绩对应罗素 2000 增长指数进行比较，后者是美国小盘股的市场基准。在某个 10 年内，该基金的收益率仅为罗素 2000 增长指数的65%。由于收益率远低于基准指数，投资者开始离开该基金。

当投资者要求卖出自己的基金份额时，基金将用现金支付对应的资产净值。基金从哪里去获得这些现金？答案是基金的投资组合。如果基金没有足够的现金，就会出售其投资组合中的部分资产。如果赎回股票的投资者数量过多，可能会导致基金大量抛售资产，从而产生资本利得。有一些投资者可能决定保留他们的基金份额，其持有的净值为每股22.77 美元的基金份额将产生 13.60 美元的资本收益分配。在 20% 的税率下，他们需要支付每股 2.72 美元的税款，这意味着他们需要支付相当于其资产净值 12% 的资本利得税。

一般来说，大多数主动管理型基金都不会考虑投资者的税收效率，除非这是基金的既定目标。被动管理型基金，如指数基金，因为很少出售股票，所以在税收上会更有效率。

陷阱 7
迷恋基金的账面粉饰
你的基金真正投资的是什么

橱窗粉饰指商店为吸引顾客而对展览品进行外观美化的行为。在投资方面也有一个类似的概念叫账面粉饰，它描述的是基金在每个季度结束前对投资组合进行粉饰性调整的做法。这样做的目的是向投资者展示一个更有吸引力的投资组合。当购买基金时，你实际得到的是它当时的投资组合，而不是粉饰后的。投资者如何了解基金的具体持仓呢？通常基金会在每个季度末报告其持仓情况，在准备这些季度报告时，一些基金可能会尝试账面粉饰，让投资组合看起来比实际情况更好。

在某些时候，基金可能会持有一些表现不佳的股票，这些股票将显示为"在持"。这可能会让投资者认为该基金经理选股水平不太行。因此，在季度结束前，基金经理可能会选择卖出这些下跌的股票，再买入一些近期上涨的股票。这一举动可以隐藏之前糟糕的股票选择，并营造一种基金在整个季度都持有赢家股票的形象。当然，这只基金的实际收益率并不像它持有的那些热门股票同期收益率那么高。到下个季度，该基金可能会回购一些此前为粉饰账面而出售的股票，由此提高的交易成本会降低收益。基金进行账面粉饰只是为了欺骗投资者，而不是获得更高的收益。账面粉饰的交易成本会损害你应得的利润。

> "账面粉饰指的是基金经理试图隐藏自己投资错误的行为，或者事后加购一些赢家股票以让自己看起来更精明的行为。"
>
> ——拉斯·金内尔

陷阱 8
买的时候以为基金处于某个风险水平但稍后发现并不是
为什么基金会在 1 年中改变自己的风险水平

精明的投资者应该意识到公司会对自己的利润进行"管理"。公司会制定每季度的利润目标，如果本季度利润目标提早实现，公司可能会将一些新业务及其盈利推迟到下个季度确认。销售人员也会做类似的事情。如果有人提前完成了销售指标，可能会尝试将额外的业绩延后到下个季度，以提高连续完成销售指标的机会。毕竟，销售人员的奖金可能取决于业绩的前后一致性。不足为奇的是，基金经理的行为也会被类似的动机驱动。

考虑一只管理费率为 1% 的基金。当基金规模为 1 亿美元时，能收取 100 万美元的管理费。如果基金规模增加到 5 亿美元，管理费将为管理团队带来 500 万美元收益。大型基金的基金经理可以比小型的赚得更多，因此基金经理有增加管理规模的动力。怎样才能做到呢？靠投资收益的自然增长是不够的，就算一只基金的收益率为 10%，其规模每年也只会增长 10%。扩大规模的真正方式在于新资金的流入，也就是吸引更多投资者购买该基金。投资者喜欢买什么样的基金？答案很简单：过去的赢家。如果媒体强调某只基金是市场赢家，它就会获得新流入的资金。如果这只基金过去的表现只处于一般水平，它可能吸引不了多少新资金。亏损基金则只能看见原有投资者撤资逃离。试想一下，如果你是基金经理，这一套激励措施对你的投资组合决策有何影响。如果在 1 年的中期，你的投资组合击败了同一类别的大多数基金，你可能会试图降低风险并确保仓位的稳定性。如果成功，你就能打败大多数同行，从而让新资金流入你的基金。再考虑一种情形：你已经在 1 年中的一半时间里落后于你的同行，此时你需要冒更大的风险来追赶上他们。你可能选择只在少数几只股票上下注，试图只持有赢家股票，这是一种几乎不做分散投资的策略。你也可能会在投资组合中超配一些股票。无论如何，基金经理可能会在 1 年中改变其投资组合的风险水平，作为对激励机制和其业绩相对于同行业绩水平的反应。

基金行业对主动管理型基金的激励结构，诱使它们在业绩低于行业平均时改变自己的风险水平。当投资这些基金时，这种行为会让你很难确切地知道自己买的资产处于什么风险水平。

> "购买基金最大的理由是它们安全、多样化，但事实上它们不一
> 定如此。"

—— 罗恩·彻诺

陷阱 9
投资伪指数基金
什么是伪指数基金

伪指数基金是一些声称采用主动管理方式投资，并按主动管理型基金的标准收取高额管理费，但实际投资组合与指数基金非常相似的基金。如果一只基金实际上只是在试图复制某种指数，为什么要把自己标榜为主动管理型基金呢？第一，主动管理型基金可以收取更高的管理费，从而为基金管理人带来更多收入。第二，指数基金的表现往往优于主动管理型基金，后者有更高的交易成本和其他费用，投资绩效较低。因此，如果一只基金通过跟踪指数来降低交易成本，并且只产生很少的费用，那么它的表现可能会排同类基金的前 50%。这一现实可能成为一些基金经理挂羊头卖狗肉的强大动机。

还有一个一些基金成为伪指数基金的可能原因是庞大的规模。考虑一个最早只管理 3 亿美元的天才选股专家，他管理的基金表现优于其他基金，从而带来了新资金的流入。几年之后，基金规模增加到 20 亿美元，然后又增加到 100 亿美元。为 100 亿美元寻找好的投资机会比为 3 亿美元困难得多。当资金达到一定规模时，基金经理可能会选择将投资组合的大部分配置到市场指数中，只将剩余部分投资其他有吸引力的标

的。因此，该基金的投资者付出了100%的主动管理型基金的成本，但获得的投资组合可能由90%的指数型头寸和10%的积极管理头寸构成的。作为投资者，你肯定不希望被多收费。所以不要花高价买一个伪指数基金，去买个真的吧！

如何识别伪指数基金？一种方法是审查基金IPS中列出的投资标的，再考察一只具有相同投资标的的指数基金，看看两个基金收益率的差距有多大。例如，如果某基金的投资标的是大型公司，那就将该基金每日、每周和每月的表现与标准普尔500指数进行比较。如果收益率基本相同，那么该基金很可能在进行类指数化操作。

> "投资伪指数基金，付给某个基金经理一大笔钱，但他的投资组合中有85%是与指数同步的。如果你这样投资，就会被当成傻瓜。"
>
> ——查理·芒格

陷阱10
过于信任基金评级
基金评级到底代表什么

如何在成千上万的基金中做出选择？一个流行的方法是参考一下基金评级公司的看法。由晨星提供的星级打分体系是最受欢迎的基金评级系统之一。该公司构建了一个针对基金的排名系统，根据其过去3、5和10年的业绩表现，将市场上所有的基金分为5个星级。具体评级基于基金过去的收益率，并进行一定的风险和因子负载调整，再将其与同类基金进行比较。风险调整后收益率排名前10%的基金将获得五星评级，紧随其后的22.5%得到四星，中间的35%得到三星，接下来的

22.5% 得到二星，排名最后 10% 的只能得到一星评级。排名靠前的基金通常会在其广告中突出展示晨星对它们的评级。

是否应该购买评级为五星的基金？按照晨星的建议，它的评级系统是开始研究的好起点。但这只是研究的起点，而不是结束。对评级的批评之一是，它们只是将基金与同期的其他基金比较，没有考虑市场状况。可能一只基金在牛市（上涨）期间的表现可以获得高评级，而另一只基金在熊市（下跌）期间表现更好。评级系统不会提供太多各基金在当前市场条件下可能如何表现的信息。还有一个问题是会有大量的资金追逐那些五星基金，以至于它们的买入窗口有时会对新投资者关闭。当一只基金获得五星评级时，可能有数亿美元的新资金会流入该基金。对于基金经理来说，管理如此庞大的资金规模通常是很困难的，因为很难想出足够多的优质投资方向来容纳所有的新资金。要么基金未来的投资表现被资金摊薄，要么就得拒绝新投资者，或两者兼而有之。投资者追逐五星基金还有一个原因，他们的财务顾问有动机去建议他们这样做，因为这样做既可以偷懒又可以为投资建议效果不佳准备好借口。如果财务顾问推荐的五星基金也表现不佳，他们还可以让晨星背这个锅。

事实上，今天的五星基金未来并不一定能继续维持良好表现。《华尔街日报》发表过一篇名为《晨星评级的海市蜃楼》的报告，考察了基金在获得高评级之后一段时期的表现，结果令人失望。在首次获得五星评级的基金中，只有一半将该星级维持了 3 个月以上。在美国国内的股票基金中，五星基金中仅有 10% 能在接下来的 3 年里维持该星级，拉长至 5 年该比例降到了 7%，10 年则降到了 6%。事实上，更多的五星基金在 3 年、5 年和 10 年后会跌至一星，而不是维持五星评级。这意味着美国股票基金的五星评级不一定预示着成功，也可能预示着失败。

"有很多人天生就跟不上潮流，总是在某种'时尚'不再流行之后才去追求它。这种现象存在于衣服品味中，存在于汽车选择中，存在于生活方式中，也存在于基金中。"

——吉姆·克莱姆

陷阱 11
持有业绩差的基金
业绩差的基金会一直表现不好吗

　　根据陷阱 10 中的讨论结果，获得晨星的五星评级并不能确保基金未来表现优秀。那获得一星评级的基金之后表现如何呢？购买它们一定没有好的收益吗？事实上，的确如此。如果一只基金在 3 年或更长时间内，业绩表现在同类基金中位于垫底的 10%，那么它表现糟糕很大概率是有充分理由的。问题往往出在成本控制上。持续表现差的基金往往都有很高的运营费用、佣金和交易成本。

　　来自《华尔街日报》的报告《晨星评级的海市蜃楼》中的相关数据展现了低评级基金业绩的持续性。超过五分之一的一星基金会在 10 年内被清算，近一半的一星基金会被其他基金合并。这意味着近 70% 的一星基金没有存活下来。只有 5% 的一星基金能升到四星或五星的评级。这告诉我们，如果持有基金的评级降到了一星，你应该尽快摆脱它。当然，更不要主动购买评级为一星的基金。

　　"业绩会来，业绩也会走。关注费用永远不会错。"

——沃伦·巴菲特

陷阱 12
基金被合并后仍做新基金的忠实客户
基金合并时发生了什么

正如前面讨论的，有良好历史业绩记录的基金才能吸引投资者。那基金母公司如何处置其旗下多年表现不佳的基金呢？基金母公司是指经营多个基金的投资公司。业绩不佳的基金可能会失去原有投资者，也不能吸引新的投资者，最好的解决办法是将其并入母公司旗下一只成功的基金，让其番号消失，合并后的基金会使用成功基金的名称。这一过程从市场数据中剔除了表现不好的基金，会让基金的相关研究变得不稳定。这种情况在统计学上被称为幸存者偏差，会导致投资者高估基金过去整体的收益率。每年大约有 7% 的基金消失。

随着基金行业不断兼并重组，将坏基金并入好基金的情况越来越多。一些大型基金母公司还会收购规模较小的其他基金。它们从规模较小的基金母公司手中购买赢家基金，然后将表现不佳的基金合并进去。顺便说一下，这也是个人投资者从基金获得的收益低于基金本身收益的原因之一。实际上那些坏基金的原投资者获得的收益是非常低的，但这些已经消失的基金没有机会再单独报告收益。

基金合并会带来几个问题。第一，存活下来的基金可能是两个基金中较小的一个，因此只有较低比例的投资者像基金宣传的那样获得了较高的收益。第二，要和你的基金合并的基金可能会有一些未实现的资本收益，毕竟被认定为赢家的基金表现通常会更好。合并后的新基金可能会决定出售一些处于盈利中的股票，这可能会让你为不属于自己的投资收益交纳资本利得税。此外，新基金的投资目标可能与你以前的基金不同。作为基金投资者，你应该对基金合并保持警惕，因为合并的结果就像换了一只全新的基金。

> "真稀奇！基金报告的收益实际上并不归其投资者所有。"

——约翰·博格

陷阱 13
投资封闭式基金
投资封闭式基金会遇到什么问题

封闭式基金在创建初始投资组合时，会生成固定数量的基金份额，之后不会再增加或减少。在封闭式基金首次公开发行后，投资者可以像买卖普通股一样在股票市场上交易封闭式基金的份额。封闭式基金会也公布其单位基金份额对应的资产净值，但决定其交易价格的是市场对其份额的供求关系。尽管不像开放式基金或 ETF 那样受欢迎，但仍有超过 500 家封闭式基金在美国证券交易所上市。

封闭式基金的特殊结构给投资新手带来了一些困难。第一个奇怪的地方是封闭式基金的交易价格是市场供需决定的，因此可能比其资产净值高（溢价），也可能比其资产净值低（折价）。大多数封闭式基金的交易价格都低于其资产净值，一般折价率在 5% 左右，但也可能更高，有的甚至能达到 30%。折价交易并不意味着该基金值得购买或者价值被低估，也可能表明基金的管理出了问题，如红利发放降低、表现不佳或者有潜在税收负担。潜在税务负担会在基金出售处于盈利状态的资产时出现，该过程会产生资本利得，而基金可能会在稍后将其分配给股东，到时候就会产生真正的税务负担。在基金正式将资本利得分配给股东之前，潜在税务负担都是存在的。如果一名新投资者在基本分配资本利得前购买该基金，稍后他就会收到一份资本利得税账单，尽管在基金出售股票获利时他并非股东。还有些封闭式基金会持续折价交易。因此，购买高折价率封闭式基金，持有并等待折价率降低的策略，并不一定能等来成功的结果。折价消失经常是因为资产净值下降，而不是价格上涨。

封闭式基金还有一个问题也源于前面提到的折价和溢价。与开放式基金和 ETF 类似，封闭式基金的交易价格会随着时间变化而变化，但封闭式基金的交易价格也会随着其相对于资产净值折价还是溢价而变化。额外的潜在价格变化因素使得封闭式基金比类似的开放式基金或 ETF 更不稳定。

还记得前面强调过的收入和资本利得分配问题吗？封闭式基金的最后一个问题是其收入、资本利得和资本返还的分配率通常都高于开放式基金。资本返还是指基金将投资者的投资本金作为分红返还给他们。这种情况要么是由于封闭式基金使用了财务杠杆，或者说额外借钱进行投资，要么是封闭式基金采用了更为主动的交易策略。封闭式基金常常每半年甚至每月支付一次利润和资本利得分配，而不是像其他基金那样只在年底支付。

开放式基金或 ETF 是比封闭式基金更好的选择。ETF 与封闭式基金一样在股票交易所上市，但不会有折价或溢价问题。ETF 收取的管理费率非常低，投资组合的交易活动也少得多，因此其交易成本和资本利得分配也很低。市场上存在成千上万的 ETF 和开放式基金，你可以利用它们来完成任何你想依靠购买封闭式基金实现的投资策略。

陷阱 14

ETF 的相关问题

持有 ETF 会遇到哪些问题

几乎所有 ETF 都是指数基金。ETF 对许多投资者都具有吸引力，因为它们的费率非常低。总体而言，ETF 的收益率与它们跟踪的指数的收益率会非常接近。但精明的投资者也应该知道并避免一些在投资 ETF 时会遇到的问题。

▼ 重复持有。如果持有一只跟踪道琼斯指数的 ETF 和一支跟踪标准普尔 500 指数的 ETF，那么你就双倍持有了道琼斯指数中的股票。为什么？因为道琼斯指数中的 30 只股票也在标准普尔 500 指数中，所以你的两只 ETF 都持有了这些股票。

▼ 假 ETF。小心假装 ETF 的封闭式基金。因为封闭式基金也在股票交易所上市交易，它们可以声称自己也是"交易所上市交易"的基金。但它们和 ETF 是不一样的，不要上当受骗。封闭式基金会收取高额的费用，法律结构也与 ETF 不同。

▼ 交易成本。投资者买卖 ETF 都在股票交易所进行，因此会涉及券商佣金和买卖价差等交易成本。所以在买卖 ETF 时，少量的大交易比频繁的小交易成本更低。因此，如果你是通过固定缴款计划进行小额双周或月度定期投资，ETF 的相关交易成本会比开放式共同基金更高。

▼ 高费用 ETF。ETF 的一个主要优势是其低费率。不过，某些跟踪特定指数的 ETF 可能会有较高的费率。例如，与新兴市场指数挂钩的 ETF 必须购买外国股票，并处理外汇交易问题，其费

率远高于挂钩标准普尔 500 指数的 ETF。但新兴市场 ETF 可能仍然是投资全球市场的各类选项中成本最低的。

▼ 杠杆和反向 ETF。一些 ETF 会额外借钱构建投资组合，以使指数的收益率增加 1 倍或两倍，这是非常危险的操作。当价格上涨时，双倍的收益让人感觉很棒，但双倍的损失也是毁灭性的。此外，一些 ETF 试图获得与指数相反的收益。当指数下跌 10% 时，反向 ETF 会获利 10%；当指数像大多数时候那样上涨时，反向 ETF 就会下跌。要小心这些特殊的 ETF。

"指数基金年复一年地跑赢主动管理型基金。"

——吉姆·罗杰斯

本章要点

共同基金和 ETF 是既方便又流行的投资方式。尽管它们具备许多优势，包括可负担性高、管理专业、多样化、流动性和灵活性高，但是在使用它们进行投资时，你同样也面临着许多陷阱。精明的投资者可以避开这些陷阱，利用基金积累财富。以下是本章的一些要点。

▼ 寻找表现稳定的共同基金和 ETF。有些基金在过去的 1 年、1 个季度或 1 个月里看起来有非常不错的表现，但在市场条件变化时往往表现不佳。

▼ 避开要求缴纳各种费用的基金，以及费率高的基金。

▼ 对那些声称能够提供更高收益的主动管理型基金要保持怀疑的态度，因为它们的高额成本通常会导致实际收益率不高。

▼ 指数基金是一个低成本的投资方案。

▼ 小心那些在你投资后不久就会进行资本收益分配的基金。选择
能节税的基金。

▼ 共同基金展示的持股和仓位可能只是账面粉饰的结果，并不一
定代表该基金真正的投资标的。

▼ 小心那些在 1 年内出于基金排名考虑改变其风险水平的基金。

▼ 不要投资伪指数基金。它们相对于其提供的东西来说太贵了。

▼ 晨星的五星评级并不能很好地预示基金未来的表现。

▼ 晨星的一星评级很好地预示了其未来的业绩。由于成本高企，
不良基金未来仍有可能表现不佳。

▼ 在持有的基金被合并时，别傻傻地继续做它的忠实客户。基金
合并是经常发生的，你的基金可能会和一个表现不好的基金
合并。

▼ 避开封闭式基金及其复杂的机制。

第 4 章

自身缺陷陷阱：心理偏差的危险

"投资比的不是能否战胜他人，而是能否控制
自己。"

——贾森·茨威格

为什么平时理智的人在涉及金钱和投资时却会做出愚蠢的决定？一个
主要原因是人类本身固有的一些心理偏差，它们会导致一些认知错误。这
些心理偏差存在于每个人的思维过程中，但有些人比其他人更容易受到影
响。知识和经验有助于减少心理偏差对财务决策的影响。本章将帮助你了
解和掌握相关知识，认识这些自身缺陷陷阱，并讨论如何避开它们。

心理偏差的出现是有一些原因的，其中之一源于人类在记忆、注意
力、知识和时间等方面的限制。因为人类的大脑在这些方面受到的一些
限制是不可避免的，所以会出现各种认知错误。当大脑在思维过程中试
图简化信息处理时，就经常会在判断过程中发生心理偏差。投资决策过

程尤其容易受到心理偏差的影响，因为该过程涉及大量的不确定性。由于不能确切知道未来会发生什么，投资者在分析投资选择时不具备所需的全部信息。在缺乏信息的时候，大脑要完成认知过程并得出结论，就必须"自动填补空白"。换句话说，你的大脑会走捷径。这种思维捷径也称"启发式简化"，有助于快速形成判断，但也蕴含了内在的偏见。用这样的方式进行财务决策可能是有问题的。

心理偏差还有一个来源是人的情绪。媒体喜欢用恐惧和贪婪来描述投资者的情绪，你可能也听过类似"投资者的恐慌造成了市场下跌"之类的分析，但人的情绪远比这些简单的描述复杂。其他情绪因素也会影响投资决策，如后悔、骄傲、乐观和自我认知等。尽管如此，你最好还是在有关钱的问题上以非情绪化、理性的方式做决定。社会中的其他人也可能影响你的决定。不同的群体各自形成了关于告知和遵从的规范，对群体内的成员形成社会压力。你身边的亲人和朋友在一定程度上决定了你的投资决策，从而影响你的财富水平。

总之，本章将回顾一些会导致愚蠢投资决策的心理偏差。精明的投资者应该通过掌控自己的个人心理状态来防止这些自我缺陷陷阱造成伤害。你不能控制市场或未来，但你可以试着控制自己。

"投资者的主要问题甚至是最大的敌人，很可能是他自己。"

——本杰明·格雷厄姆

陷阱 1
不肯通过止损来重新配置资产
什么是损失厌恶偏差

传统金融理论的基本假设之一，就是大部分人都是风险厌恶的。风险厌恶意味着大家不愿意在投资中承担风险，除非足以换来他们期望的风险补偿。换句话说，大家觉得从事高风险的投资就应获得高收益。然而在实际市场中，损失厌恶要比一般的风险厌恶更常见。损失厌恶是指继续持有价格下跌的资产，而不愿将之卖出以确认损失的倾向。因为人们在卖出亏损的资产时会体会到蒙受损失的感受，会引起很大的精神痛苦。一般来说，投资者因损失产生的痛苦感要比因盈利产生的愉悦感更强烈。例如，相比1000美元的利润带来的快乐，失去1000美元可能会让你感到更大的痛苦。从心理上分析，损失带来的痛苦程度大约是同等金额盈利带来的快乐程度的两倍。

价格下跌的资产黏手会带来两个大问题。第一，资产价格下跌在很多时候是有充足理由的，并且可能会继续螺旋式下跌。第二，可能会出现更好的投资机会，黏手的倾向会让你错失良机，因为你的资金被一次失败的投资套牢了。损失厌恶会对投资决策产生重大影响。在现实世界中，投资者往往会竭尽全力避免损失。一些投资者可能会开始执行所谓的"下跌买入策略"，即在价格下跌后以更低的价格买入更多已经持有的股票，目的是降低平均买入成本，让自己的损失程度看起来没有那么大。

为了避免损失而走极端的情况往往发生在你有机会回本的时候。扭亏为盈的强烈诱惑会导致一些投资者去承担他们在正常情况下不会承担的风险，这被称为盈亏平衡效应。例如，你可能曾对自己说过："等这只股票的价格涨回我买它的时候，我就卖掉它！"以这种理由持有股票是难以令人信服的，但是回本的可能性有一种强大的吸引力。研究表明，在正常情况下不会去冒险的人，如果有回本的机会，就会变得愿意去冒险。投资者迫切想要挽回自己的损失，可能会参与本不该参与的赌局。

　　当然，现实生活中的情况可能会非常复杂，要确定你应该将一些投资视为盈利还是亏损可能很困难。假设你以每股 50 美元的价格买了一只股票，年底该股票的交易价格涨到了每股 100 美元。在这个时候，你查看了自己本年度的所有投资头寸，以确定你的净值，并监控你在实现财务目标方面的进展。又过了 6 个月，该股票的价格下跌了，你只能以每股 80 美元的价格卖掉它。你认为这种情况应视为盈利还是亏损？这个问题涉及参考点的确定，即与当前股票价格进行比较的股票价格参考点是多少。如果你的参考点是每股 50 美元的购买价格，那么你会认为自己实现了每股 30 美元的利润。然而，如果你在年终总结时将参考点更新为每股 100 美元，那么你可能会将此次出售视为确认每股 20 美元的亏损。大脑对参照点的选择是非常重要的，因为它决定了你会感受到盈利的愉悦还是损失的痛苦。如果你认为以当前价格卖出代表着损失，那么损失厌恶可能会导致你在股价变动到每股 80 美元时继续持有该股票。

　　解决损失厌恶的一种方法是重新评估现有投资的价值。这笔投资是否仍然具有当初吸引你购买它的那些特点？既然它的价格下跌了，你会考虑多买一些吗？如果答案都是否定的，你应该考虑卖掉它。但损失厌恶让投资者很难卖出这些失败的投资。在某些情况下，你可以换个角度来看问题，能让你觉得卖掉失败的投资能带来一些价值。举个例子，在这个价格上确认的损失可能允许你抵消从出售某资产中获得的资本利得，损益相抵后能降低你要被课税的利润总量。因此，出售这些失败的投资可以减少你需要交纳的税收。考虑减税效应有助于帮助你下决心卖出失败的投资。你还可以将多个交易捆绑起来处理。例如，同时出售赢家和输家头寸，可以让你用从卖出赢家带来盈利中获得的良好感觉，来抵消卖出输家带来的一些遗憾。

>"具有讽刺意味的是，极度损失厌恶带来的最糟糕体验发生在我
们试图管理它们的时候。"

——丹尼尔·克罗斯比

>"不要受困于你最初购买股票的价位。"

——理查德·塞勒

陷阱 2
让后悔影响你正确决策的能力
后悔某个决定将如何影响你的投资决策

你可能会面临两种类型的后悔，不作为的后悔和行动的后悔。

▼ **不作为的后悔。** 不作为的后悔是未能采取行动带来的不好的感
觉。例如，你可能会后悔没有在微软、苹果或亚马逊的股价都
很低的时候购买它们，或者后悔没有在股价下跌前卖掉自己持
有的股票。

▼ **行动的后悔。** 行动的后悔也是一种不好的感觉，原因是采取了
行动但结果很糟。例如，你可能会因为购买了一家公司的股票
而后悔，因为该公司后来破产了。

与不作为的后悔相比，行动的后悔带来的痛苦要强烈得多。因此，
后悔厌恶会让你因为害怕不好的结果而变得优柔寡断或不敢采取行动，
以避免行动的后悔带来的强烈痛苦。例如，假设你买的一只股票从每股
100 美元跌至每股 60 美元，显然你会为买了它而后悔。但你现在又面

临着两种新的后悔可能：你可以卖掉该股票，每股损失 40 美元，但如果之后股价上涨，你又会为低价售出（行动）而后悔；你可以继续持有该股票，但如果你这样做了，股票的价格可能会跌得更厉害，你会为没有卖掉它（不行动）而后悔。因为行动的后悔更强烈，后悔厌恶可能会促使你继续持有股票。

后悔厌恶和损失厌恶都会导致处置效应出现，即人们倾向于过早出售盈利（价格上涨）的投资，同时过长时间持有亏损（价格下跌）的投资。有两种强烈情感在处置效应的形成中起着关键作用，那就是骄傲和后悔。一方面人们会避免那些会引发后悔痛苦的行为，另一方面人们想要采取一些能引发与骄傲相关的良好感觉的行动。在做投资决策时，追求骄傲和避免后悔都可以形成处置效应，因为卖出赢家会带来良好的感觉，但卖出输家伴随着痛苦的后悔。因此，当你要卖出股票为其他项投资筹集资金时，如果投资组合中同时存在赢家和输家，你卖出赢家的可能性比卖出输家的高好几倍。

这种心理偏差可以通过两个渠道来损害你的投资利润。第一个渠道是资本利得税。如果你所在的国家对已兑现的资本利得收税，那么出售赢家会增加额外的税收负担。如果晚一点卖出赢家，你就可以推迟这些税收；而出售输家股票的结果是兑现亏损，可以用于抵消当期其他资本收益。也就是说，出售输家可以降低资本利得税的税基，从而降低税负。处置效应损害投资利润的第二个渠道是不恰当的持有时间带来的潜在风险，即投资者过早卖出赢家，过久持有输家带来的风险。如果赢家有机会在你卖出后的几个月甚至几年里继续跑赢大盘，那么此次卖出就属于过早。换句话说，在你卖出后，该股票仍然是一项很好的投资，有机会让你赚更多的钱。持有输家过久的情况发生在该股票在延长的持有期间内表现可能继续不如大盘的时候。研究表明，许多投资者的确表现出了卖出赢家过早、持有输家太久的行为。

为了免受后悔厌恶的影响，你可以试着从更广的角度来考虑问题。在分析时，不要只关注过去的收益，考虑一下你对未来收益和税负的预期。如果手上没有持有这只股票的话，你仍然愿意以今天的价格买入这只股票吗？如果不愿意，那就是时候卖出了。记住，不做决定实际上也是一个决定。

> "每个人都必须在下面两个选项中抉择：忍受纪律约束的痛苦，或者遭受后悔或失望的痛苦。"
>
> ——吉米·罗恩

陷阱3
未控制住依本能行事的冲动
有哪些常见的自我控制偏差会对你的投资决策造成负面影响

人们一生都在挣扎，要在当前的快乐和未来更大的快乐之间做出抉择。例如，究竟应该今天就出去度假，还是该留着这笔钱为未来进行投资？一般来说，人们更喜欢早一点得到奖励，并推迟一些不愉快的任务。自我控制偏差是指缺乏短期自律的能力最终会以无法实现长期目标为代价。

自我控制偏差可能会导致以下几种无效的投资行为。

▼ 在今天过度消费，消耗掉为明天准备的储蓄。

▼ 试图通过承担过高的风险来弥补储蓄的不足。

▼ 推迟为长期目标开始努力的时间，对退休生活准备不充分。

▼ 因为不想牺牲短期利益，未能为未来进行必要的投资。

▼ 及时行乐的心态促使人们只想今天过得尽可能好，但之后要付出代价。

你应该在短期、中期和长期目标之间取得一个谨慎的平衡，以减少自我控制偏差。你也可以通过遵循经验法则来增强你的意志力，如经常念叨低买高卖原则，有助于你将注意力放在基本的投资策略上；"坚持到底"的自我鼓励，能让你专注于长期目标；记住"多存钱，少掏钱"，把钱留下来为未来进行储蓄和投资就会变得更容易；使用"先保证基本开支"的财务策略，能够让你在每个月一开始就将生活必备的资金留出来，而不会总是等到月底才知道自己还剩下多少钱。

"时间是你的朋友，冲动是你的敌人。"

——约翰·博格

陷阱 4
过度自信
为什么过度自信会威胁你的投资成就

心理学家发现，人们会在两方面表现出过度自信偏差：准确度偏误和中等以上心态。

▼ 准确度偏误：人们对头脑中的已有知识过于自信，而对自己出错的可能性估计不足。这个概念对投资非常重要，因为所有的决策都涉及知识和不确定性。

▼ 中等以上心态：人们有过高估计自己的判断力和能力的倾向。

这是一种以自我为中心的态度，其名称源于研究人员在询问人们对自己驾驶技术的评估时，发现大多数人认为自己位于中等以上水平的研究。因为大多数人都高于平均水平是不可能的，所以肯定有很多人过于自信了。

▼ 过度自信偏差给投资者带来了两个严重的问题：交易过于频繁和承担过多的风险。

如果你相信自己是一个精明过人而且知识渊博的投资者，那你会如何运用自己的技能呢？你会满足于简单地买入几只股票并长期持有吗？你会打算充分利用自己的技能频繁地买入卖出，抓住一些股票的短期上涨并避开短期下跌吗？过度自信的投资者因为想要展示他们自以为拥有的高超技能，会频繁进行交易。不幸的是，过度交易会损害你的财富。它会带来更高的佣金成本，引发负面情绪和偏见，并导致你高买低卖。研究表明，个人投资者交易越频繁，他们的净收益就越低。除了过度交易外，过度自信的投资者还会冒过多的风险。他们的投资组合不够多样化，持有的股票数量太少，而股票之间的相似度又太高。过度自信的投资者可能会将分散投资看成一种过于被动的策略，毕竟他们具备丰富的知识和高超的投资技巧，所以不需要通过分散投资来降低风险。但他们错了。这些观点在一定程度上源于准确度偏误，即低估了自己投资决策出错的可能，高估了自己已购买资产的上涨潜力。

在当今社会，你可以很容易地获得大量的信息。基于这些信息，你可能会错误地认为自己已经具备了足够的智慧。如果你已经掌握了合适的技能来正确地解读信息，更多的投资信息可以给你带来更多的知识，知识与经验结合起来就能成为智慧。但在现实世界中，能接触大量的信息的人很多，拥有智慧的人却很少。认为拥有信息就一定能获得智慧的倾向被称为知识幻觉。此外，有些信息看起来很重要，但实际上并不。比如说观察一下多次抛一枚硬币的结果，正面和反面出现的数据及其模式似乎是重要的信息，但它们不是。无论过去的模式是什么，下一次抛一枚硬币都有 50% 的概率正面向上。知道过去的正反面出现的数据和模式看起来似乎拥有了更多知识，但那是一种错觉。

由于知识幻觉，过度自信的投资者可能相信自己比专家更强，足以打败市场或挑选出更好的股票。但机构投资者有压倒性的优势，是因为它们确实有更高质量的信息并受到过专业的训练。大多数人得到的只是过滤过的信息。换句话说，他们得到的是被所谓金融专家包装过的信息。而机构投资者可以获得未经过滤的原始数据，且接受过分析这些数据的适当训练。

"过度自信是一个非常严重的问题。如果你认为自己没有受到它的影响，那可能是因为你过度自信了。"

——卡尔·理查兹

"求知最大的敌人不是无知，而是知识幻觉。"

——斯蒂芬·霍金

"人们会夸大自己的技能水平。他们对自己的预期准确度过于乐观，对自己的猜测过于自信，也对自己选择基金经理的能力过度高估。"

——理查德·塞勒

陷阱 5

因为成见而犯错误

代表性偏差如何影响你的决策

如果对某个新事物可能具备什么特征不熟悉，你可能会将你知道的类似事物的一些特征生搬硬套到新事物上。例如，假设你要买一辆二手车，但对发动机不太了解。但你用肉眼就可以看到车盖内部是一尘不染的。根据你从其他地方习得的经验，干净是一个优点。因此，你根据这个优点来对发动机做判断，假设它工作得很好。二手车销售人员也知道这一点，所以他们会仔细对汽车做好清洁，而不会去修理发动机。这种从已知项到未知项的特征转移是一种认知偏差，通常称为代表性偏差或代表性启发。这种偏差表现得就像是带着成见去评价他人。既然一辆车看起来很干净漂亮，那运行起来也应该没问题，这样的成见可能会带来严重的损失。

找到一项能在未来表现优秀的投资很难，但你可以很容易地找到一个现在看起来很好的公司。好公司都有很好看的历史财务报表，但它们一定是好投资标的吗？代表性偏差会影响你的思维过程，让你相信目前的好公司就是未来的好投资标的，但好公司的股票可能被高估，使它们成为糟糕的投资标的。

代表性偏差还有一个常见例子，是用过去的表现来代替对未来表现的预期。例如，有些投资者喜欢购买在过去一年中表现最好的股票和基金，将过去的高收益外推至未来的表现。不幸的是，过去一年的赢家中只有少数仍能成为今年的赢家。当投资者表现出与代表性偏差相关的外推偏差时，他们在对未来做出决策时往往会高估最近发生的事件的影响。尽管证据表明恰恰相反，但是投资者还是会持续追逐业绩。他们甚至还将市场过去整体表现的外推为对市场未来表现的预测。例如，当被问及他们对股市的预测时，他们的回答更接近市场最近的表现，而不是未来的表现。也就是说，投资者似乎是通过观察后视镜来引导自己前进的。因此，他们在市场上涨期的预测往往过于乐观，在市场下跌期的预测则过于悲观。

代表性偏差还与赌徒谬误有关。赌徒谬误倾向于把近期事件看得比长期规律更重要。考虑一下掷骰子。骰子有 6 个面，如果在掷了 10 次之后，数字 4 还没有出现，那么就会有人受到赌徒谬误的影响，认为接下来数字 4 将更有可能出现。但是每个数字出现的概率都是六分之一，无论其最近的结果如何。所以，如果你认为数字 4 有更大的机会出现，并据此行动，那么你很有可能会遭遇失败。所以赌徒谬误是代表性偏差的一种表现形式，它假定一个过程最近的观察结果为将来的预期提供了更重要的信息。但这种信念并不总是正确的。总的来说，代表性偏差的问题在于某些事物具备某一方面的相似性，其他方面并不一定也具有相似性。

陷阱 6
投资自己过于熟悉的公司
熟悉性偏差会如何影响投资组合的风险水平

华尔街有句流行的谚语："投资你能理解的东西。"因为市场上有成千上万的股票和基金，你的选择范围可能超出想象。为了缩小选择范围，你可能会只考虑那些自己熟悉的公司。另外，投资众人皆知的公司也会让人感觉舒适。但当你投资得过于安逸时，可能会低估自己所冒的风险。当投资者偏好投资自己熟悉的资产，而放弃那些各项特征都更优秀的陌生资产时，他们就表现出了熟悉性偏差。具体而言，有些投资者会在其投资组合中超配在他们所在地附近经营的本地公司（本地偏好）。当投资者配置电力股时，他们通常会选择正在为其家乡提供电力服务的公司，因为这是他们最熟悉的电力公司。投资者也可能更喜欢自己国家的公司，而不是外国公司（本国偏好）。例如，美国投资者持有的主要是美国公司的股票，日本投资者持有的主要是日本公司的股票。美国和日本的投资者原本都可以通过分散投资其他国家公司的股票来降低风险。

投资者还会面临一种有潜在破坏性的熟悉性偏差，那就是过度投资自己雇主的股票。很多公司都会为员工提供固定缴款的投资计划，如美国的401（k）计划。员工可以选择将该计划的养老金投资于共同基金，也可以投资于自己公司的股票。因为对自己所在的公司更为熟悉，他们往往认为投资自己公司股票的风险较低。研究表明，三分之二的员工认为他们自己公司的股票是与标准普尔500指数基金一样安全或者更加安全的投资。然而，没有一家单独公司的股票比美国最大的500家公司股票组成的多样化投资组合更安全，因为分散投资可以降低投资风险。由于熟悉性偏见，这些员工低估了自己公司股票的风险，但这些风险是真实存在的。问问那些已经破产的公司的员工就明白了。当公司破产时，其股票会被清零。如果你是西尔斯公司、美国无线电器材公司、玩具反斗城公司或环城百货的员工，并将养老金投资于自己公司的股票，那么你不但失去了养老金，可能还失去了工作。因为这些公司都已经破产。你应该分散化投资养老金，不要只投资自己公司的股票，这样可以减少风险。

为了克服熟悉性偏差，你需要多想想分散化投资的好处。为了增加多样性，你应该将一些不那么熟悉的资产加入投资组合。你还可以考虑配置一些来自国际市场和非本地公司，以获得更多样化的投资组合并降低风险。

"在投资中，让人感觉舒适的东西很少有利可图。"

——罗伯特·阿诺德

陷阱 7
被问题呈现的方式愚弄
框架效应会如何影响你的决定

框架指提出问题的形式。框架的变化会引发回答者的不同反应，换句话说，你可能会被提问的方式愚弄。诺贝尔奖获得者丹尼尔·卡尼曼提供了一个框架依赖的简单例子。他把下面的一道数学问题交给一组参与者，让他们在 10 秒内估算答案，问题如下。

$$2 \times 3 \times 4 \times 5 \times 6 \times 7 \times 8$$

另一组参与者接到的是几乎相同的数学问题，但是用了一个不同的框架，具体如下。

$$8 \times 7 \times 6 \times 5 \times 4 \times 3 \times 2$$

在第一个框架下，参与者的平均估计值是 512。而在第二个框架中，参与者的平均估计值提高了 4 倍，达到了 2250。仅仅通过颠倒数字排列的顺序，由从 2 开始变成从 8 开始，参与者的反应发生了巨大的差异。由此例可以看出，框架会影响大家的判断和决策。顺便说一下，这个例子也说明人们并不擅长估算数学问题，上述问题的正确答案是40 320。

你认为明年的股市会如何表现？你既可以将答案用增长率的形式呈现，也可以用点位的形式呈现。例如，如果你关注的某个股票指数目前的点位是3000，有人让你预期该指数年底会增长到多少。你可能会说预计指数有10%的增长率，与之对应的点位为3300。增长率和点位是描述同一信息的两种不同方式，但选择不同的框架提问对一般人的预测结果有不同的影响。预测点位常比预测增长率对应的结果更低。由于这种偏差，上例中如果对方一开始要求你以点位的形式进行预测，你提供的结果可能只有3250，这意味着预期收益率只有8.3%。之所以会出现这种情况，是因为在用点位的形式进行预测时，人们往往会下意识地考虑到当前趋势逆转或减缓的可能。而当使用百分比收益率的形式进行预测时，他们经常对趋势进行简单外推。因此，你思考投资组合或个人资产收益特征使用的框架可能会给你的判断带来偏差。

框架效应会极大地影响你的投资选择，从而影响你的财富。例如，对各种潜在的投资对象进行单独分析，而不是将其作为一个投资组合综合比较，会导致投资者选择多样化不足的策略。投资者之所以会受到这种框架的影响，是因为他们只评估了少量可能影响投资的因素，没有从全局的角度看待问题。

还有一个例子是养老金计划的框架效应。你对固定养老金计划的参与金额及资产配置方案，是决定养老财富增长速度的两个最重要的决定。然而，研究表明，设计糟糕的框架可以让你做出降低参与金额甚至不参与养老金计划的决定。此外，糟糕的框架还可能导致糟糕的投资选择，使得投资组合的预期收益率变低。更低的养老金参与金额和更低的投资收益率会让你在未来几十年中损失数十万美元。

历史收益的不同呈现方式会让投资者做出不同的资产配置决策。例如，用年收益率形式呈现的长期历史收益与用月收益率呈现的相比，股票资产配置比例更高，因为月收益率的历史波动看起来更大。资产配置是决定投资组合预期收益的一个非常重要的因素，这些决策的框架效应可以持续地对你的财富造成影响。

陷阱 8
试图影响你控制不了的事物
控制力幻觉对你的投资成功有何影响

与知识幻觉相关的一个概念是控制力幻觉。控制力幻觉是一种非理性地高估自己对外部事件的影响程度的倾向。这种想法来自一种潜意识中的信念，即通过集中注意力或进行某些无关的操作，你就能控制一些实际上无法控制的事物。有一个与掷硬币有关的简单例子。你可以先抛硬币，不公布结果，然后让其他人下注；你也可以让大家先下注，然后再抛硬币。如果硬币还没有被抛出去，会有更多的人下注，就好像他们相信自己的参与会影响硬币在空气中的旋转一样。下意识地相信自己有控制能力是一种幻觉，当人们把注意力集中在股票或其他资产的实时价格图表上时，也会表现出这种倾向。

你能控制的是什么？你可以控制和选择你的资产配置、投资品种和买卖时机，但你无法控制这些抉择的结果。如果你受到控制力幻觉的影响，可能会受困于过度交易及相关成本，以及投资组合的分散化不足。研究还表明，越是感觉自己有控制能力，你的实际表现就越差。

陷阱 9

不多方搜寻额外的信息

可得性偏差会如何影响你的决定

在认知过程中，容易回忆和理解的信息要比那些可得性更差的信息使用频率高。可得性偏差是指人们在决策时赋予容易想起的信息更大权重的倾向。问题在于，虽然这些可得性高的信息在大脑中被赋予了更高的重要性，但它们对人们的决策可能没那么重要。换句话说，这种偏见会阻止你多方考虑其他的潜在和相关信息。最容易获得的信息往往来自媒体上的娱乐新闻或广告，但闪光的未必都是金子，屈服于可得性偏差的投资者可能会被最受关注的基金、热门股票消息和最近的赢家吸引。不幸的是，这些投资标的的未来表现通常都很糟糕。可得性偏差还会导致投资组合集中度和风险过高，以及高买低卖等现象。在研究投资思路时，不要看一眼最容易获得的信息就匆匆做决定，一定要进行更深入的分析，运用更深层次的信息和知识。同时，要检查一下潜在的投资标的是否满足你的投资组合的需求和目标。

> "生活中没有什么东西会像你想的那么重要，如果你正在想着它的话。"

——丹尼尔·卡尼曼

陷阱 10

记不住自己过去的真实表现

认知失调如何影响你的学习过程

认知失调是不一致的想法和信念引起的不安心理。这种不安会导致你的大脑强行改变相互冲突的信念中的一种或多种。如果你相信自己是一个优秀的投资者，但最近投资组合的收益率表现不好，没有跑赢大盘指数，你的大脑就会因为这两个相互矛盾的信念而感到不舒服。为了减少这种心理上的痛苦，你可能会：

▼ 忽略或低估其中一个想法，如忽略自己糟糕的表现。

▼ 改变一种或两种想法，如错误地"记得"你的投资组合表现很好。

▼ 添加第三个想法来减弱这种不协调，如在记忆中你是听了某个顾问的建议才会这样投资。

研究表明，人们解决认知失调的一个常见方法是记错自己的实际投资表现。也就是说，在他们的记忆中自己的投资组合在过去获得了比实际更高的收益。另一个常见办法是归咎他人。比如说你的基金表现不佳，你可能会归咎基金经理，而不会认为自己选错了基金。认知失调让你很难发现和纠正自己的错误。

认知失调会引起一些问题。它让你很难全面地了解情况，因而可能无法做出正确的决定。此外，当大脑过滤信息以使信念保持一致时，可能会让你错过与投资决策相关的重要新闻或事实。最后，你可能会因此不采取任何行动来提高自己的知识和技能。

陷阱 11
允许其他人影响你的投资决策
什么是社群偏差？它对你有何影响

你会通过观察与互动来推断他人的信念和想法，并在此过程中进行学习。与他人交谈是你评估自己想法和形成观点的重要机制。因此，你的家人、朋友和同事都有机会影响你的行为。这个事实对于投资来说尤其重要。例如，某人对某只股票的兴趣往往源自其身边的一个人对该股票的兴趣。易受所在社会群体的社会规范影响的倾向被称为社群偏差。你的社交活动越多，你就越有可能投资股市。为什么会这样？这种通过与身边人的交流促进自己投资的动态过程可能会让你感觉更加舒适。研究表明，许多不同的群体影响着你的投资决策。

▼ 你朋友对某只股票的热情程度会影响你购买该股票的数量。

▼ 你的投资组合往往与你的亲密伙伴类似。

▼ 你同事对养老金计划的选择可能会影响你养老金计划的参与方式和资产配置。

总之，你的社交圈对你的投资决策有重要影响，所以请明智地选择你的朋友。

> "对大多数人而言，只有发现其他人都对某只股票感兴趣后，他们才会开始对其感兴趣。但只有当别人都不感兴趣的时候，你才应该感兴趣。你不可能买到既受欢迎又划得来的东西。"
>
> ——沃伦·巴菲特

陷阱 12
随大流投资
为什么羊群效应经常会导致不好的结果

羊群效应是一种常见的社群偏差，表现为人们会学习和跟随更大群体的买卖行为，尤其是在高度不确定性时期。有一个非投资领域的羊群

效应例子，角马通过群体迁徙来增加安全性，每只角马并不必亲眼看到
危险，只需要在其他角马逃跑的时候跟着逃跑就行。同样地，在观察到
其他投资者的相应行为后，你可能会决定减少或增加自己的风险敞口。
一些人之所以觉得某些股票或基金有吸引力，只是因为其他人也在购
买。以下几个原因会导致羊群效应发生。

▼ 你可能会感受到来自其他人的社会压力，让你遵循所在群体的
社会规范。

▼ 直接跟随大众行动可以跳过自己分析这一步骤，让你感觉更不
费力。

▼ 你可能会觉得这么多人都这样行动，所以不太可能是错的。

▼ 当所有人都在谈论某个话题时，你不想被排除在外。这种现象
被称为"被落下恐惧症"。

羊群效应不一定是一种能盈利的策略。由于许多投资者没有自己做
分析就跟随别人，因此落入了"群体性思维"的陷阱。群体的买入或卖
出行为可能会变得非理性。在投资中试图随大流的问题如下。

▼ 作为群体的一分子，你可能会忽略投资中的一些相互冲突的信息。

▼ 你可能认为群体中的其他人比他们实际上知道得更多，特别是
当你是一个投资新手时。

▼ 跟随大众会放大个人的心理偏见，因为此时这些偏见变成了群
体共享的"感觉"。

▼ 跟风可能导致高买。当你观察到其他人都在买某个东西的时候，
其价格可能已经被他们抬得很高了。

▼ 抛售可能会在瞬间发生。当兽群逃跑时，一切会发生得很突然。如果你不注意，就会落在大部队的后面。而当你注意到的时候，抛售可能已经把价格压得很低了。

▼ 羊群效应可能会导致股市泡沫和崩盘，因为非理性投资者可能会将股价推至远高于公司基本面对应的水平。

> "当一个观点成为多数人的观点时，它就不再是最佳观点：总会有人已经超越多数人都已经到达的地方。"
>
> ——弗里德里希·哈耶克

陷阱 13
允许情绪影响你的决策
你可能会面临哪些情绪偏差

华尔街有句常见的格言："恐惧和贪婪支配着投资者。"尽管这句话是对现实的简化，但它道出了一个基本的真理，那就是情绪可以影响你的决定。你可能会认为在涉及钱的时候人们会表现得更加理性，但相关研究显示事实恰恰相反。为什么会这样？因为人类的大脑无法像电脑一样精准运作，每个人都面临不少认知方面的限制。人们在投资时往往需要在没有获得所有必要信息的情况下做出决定。在情况不确定时做决定，大脑的理智面需要与情感面协同工作，后者有助于弥补信息缺口。因此，在不确定性高的时候，你需要情感面来帮助你做出决定。不幸的是，从长期来看对你有好处的决定，通常是在受情感面影响较小的情况下做出的。因此，虽然你需要大脑的情感面来帮助你做出决定，但最好还是想办法将其影响降到最低。金融学家有时会把情感称为感受，也可称为倾向或情绪。

　　许多投资者在管理感受方面的失败，有助于解释为什么他们没能随着时间的推移获得合适的收益。一项记录投资者交易情况和自我情绪状态评估的研究证实了这种情况，那些对收益和损失情绪反应最强烈的投资者表现出了更糟糕的投资表现。

　　与投资无关的背景情绪也会影响财务决策，这种现象源于"错误归因偏差"。你可能会误认为你感受到的一些情绪与将要做出的财务决策有关系。如果你在一个阳光明媚的日子里散步后心情很好，你就更有可能对一项投资持积极态度。这种感觉与投资本身没什么关系，只是一种背景情绪。好心情会增加你投资高风险资产的可能性，因为积极的情绪会导致你低估风险。消极情绪也会影响决策，你可能会因为与投资分析完全无关的原因而情绪低落，如你最喜欢的球队输了比赛。有证据显示，这种坏心情会让你在做决定时更具批判性和分析能力。有趣的是，不好的心情可能会引发更好的投资决策。

　　"在别人贪婪时恐惧，在别人恐惧时贪婪。"

——沃伦·巴菲特

　　"不能控制自己情绪的人难以在投资中获利。"

——本杰明·格雷厄姆

陷阱 14
持有有偏的信念和判断
为什么过于乐观会让你承担不必要的风险并引发泡沫

　　乐观的心态会扭曲你对坏事发生概率的信念，让你低估不利结果发生的可能性，更有可能去承担不必要的风险。乐观的投资者也会倾向于忽略那些挑战他们积极信念的新信息。同样地，乐观的投资者在分析投资机会时，可能会忽略或淡化负面信息，不那么具有批判性。换句话说，当有关某家公司的负面消息被披露时，乐观的投资者会戴上玫瑰色的眼镜，坚持相信这家公司依然是伟大的。

乐观的投资者还可以影响股票价格。如果市场上既有乐观的投资者也有悲观的投资者，那么乐观的投资者将成为推动股价上涨的主力。因为悲观的投资者只会在一旁观望，而乐观的投资者会进场买入股票，从而抬高价格。随着股价上涨，悲观的投资者面对进一步被高估的股价可能会更加悲观，但在场外观望不参与交易的他们无法影响股价。市场中的大多数股票都是由非情绪化的理性投资者定价的，但那些前景存在很大不确定性的股票背后高度乐观和悲观的投资者占比往往更高。这些股票往往代表着较新的公司，因为对于那些规模大、根基稳固的公司，市场上已经披露了很多的相关信息，其前景的不确定性较小。例如，通用汽车、宝洁和英特尔都是知名企业，几乎没有高度乐观和悲观的空间。新兴技术行业尤其容易受到乐观情绪的影响，但随着这些公司的不确定性一一落地，非情绪化的理性投资者会逐渐接过定价权，结果很可能是股价下跌。

极端的乐观主义可能导致被称为"非理性繁荣"的现象，诺贝尔经济学奖得主罗伯特·希勒认为该现象是投机泡沫的心理基础。在投机泡沫中，股价上涨的消息会激发投资者的热情，并在人与人之间传播。这一过程让投资者更加坚信那些用以证明股价上涨合理性的故事，并将任何负面信息抛之脑后。最终，一群越来越非理性乐观的投资者持续推高价格，尽管场外悲观的投资者持怀疑态度。一种类似赌博的兴奋会逐渐出现。但从本质上讲，投机泡沫是一种难以长久的现象。到了一定时点，最后一批乐观的投资者已经进场买入股票，没有新羊群继续购买，价格就会开始下跌。然后，随着乐观情绪的消退，恐慌会开始出现。投机泡沫到了尾声以后，往往会以崩盘告终。

投机泡沫的例子比比皆是。例如，比特币于 2017 年 7 月 15 日收于 1914 美元，在大约 5 个月后的 2017 年 12 月 17 日达到峰值，最高价 19 891 美元，收益率达到历史性的 939%。在接下来的 1 个月里，其价格下跌了 44%，跌至 11 163 美元。1 年后，比特币的价格只有 3548 美元，总计跌幅达到了 82%。

还有一个例子是 20 世纪 90 年代的科技股泡沫。纳斯达克 100 指数从 1985 年 1 月 31 日的 125 点开始一路飙升，至 2000 年 3 月 24 日上涨到了 4816.35 点。这一涨幅意味着仅仅 15.25 年的时间，收益率就达到了 3753%。2001 年，纳斯达克 100 指数从最高点下跌了近 65%。"Dot Com"类公司（那些名称中带有".com"的公司）在此次崩盘中表现更惨。美国经历了 2007 ～ 2009 年的房地产泡沫、2008 年的石油泡沫、2011 年的黄金泡沫，以及 1929 年和 1987 年的两次股市崩盘。虽然我举的这些都是市场整体的例子，但也有许多个股泡沫的例子。

精明的财务决策建立在坚实可靠的分析和以批判的眼光审视各类投资机会的基础上。沉溺于乐观情绪的行为，尤其是在非理性繁荣的时候，结果往往很糟糕。

> "虽然激情可能是在其他领域取得伟大成就的一个必要条件，但在华尔街它几乎总会导致灾难。"
>
> ——本杰明·格雷厄姆

"在泡沫中，最终人们会开始讨论：'等等，这个价格也太高了吧！大家为什么还在买？他们在想什么呢？'接着价格调整和泡沫破灭就会到来。"

——罗伯特·希勒

本章要点

投资者经常会表现出非理性的行为。但人不是计算机，用严格理性的标准要求他们可能过于严格了。相反，大家都只是普通人。普通人在做出投资决定时会表现出心埋偏差，这可能会对他们的财富产生负面影响，有时还很严重。精明的投资者应尽量避免陷入自身缺陷陷阱。以下是本章要点。

▼ 通过及时止损来获得税收优惠，并将收回的资金投资更好的资产。

▼ 后悔厌恶会对你的投资组合产生负面影响，要尽量避免。

▼ 利用经验法则来增强你的意志力和自控力。

▼ 避免过度交易和过度自信带来的风险。

▼ 在做决定时注意不要陷入代表性偏差。好公司并不总是好投资标的，过去的高收益并不一定预示着未来的高收益。

▼ 请记住，投资熟悉的公司会导致低估风险和高估未来表现。

▼ 不要受决策框架的影响，它们会影响你的认知过程并导致次优的判断。

▼ 控制好你能控制的投资选项，但不要愚蠢到认为自己能控制得了结果。

▼ 不要只依赖最近的信息，要评估更全面的投资情况，以避免可

得性偏差。

▼ 记录并评估你的投资表现，以避免认知失调的影响。

▼ 要意识到你的朋友可能会影响你的投资选择。

▼ 投资不要随大流。如果你是最后一批买入或卖出的人，就会高买低卖。

▼ 不要基于贪婪、恐惧和其他情绪做出投资决定。

▼ 要知道乐观的投资者可能会做出糟糕的投资选择，因为他们透过玫瑰色的眼镜分析只能看到乐观的图景，但看不到真相。

第 5 章

觊觎你财富的投资骗局

"总的来说，在今天的监管环境下，违规事实
上是不可能的……而这是公众实际上没能理解的地
方……违规是不可能不被发现的。"

——伯纳德·麦道夫

　　每天都有人会把钱交到诈骗者手上。很多时候，骗局能持续几个月
甚至几年都不被识破，因为上当的投资者没能及时发现自己被骗了。但
是总有一天他们会意识到自己的钱不见了。投资诈骗涉及各种不同类型
的欺诈方式，如虚假的信息或虚构的投资机会。许多人觉得理性的投资
者不会投资"好得令人难以置信"的东西，但他们错了。当然，没有人
会明知是诈骗还故意把钱投入其中，但是诈骗者在自己拿手的把戏上称
得上是技艺精湛。我们经常可以看到辛苦攒钱的人把大笔财富投到那些
打着"为你着想"幌子的骗局中，失去一生的积蓄。一些人甚至还浑然

不觉地把自己的家人和朋友也带入骗局。

诈骗者的目标通常是年龄较大、缺乏财务知识的人。虽然估算投资欺诈发生频率的研究很少，但一个保守的估计认为大约10%的老年投资者在他们人生的某个阶段会成为投资欺诈的受害者。即使是非常成功的、有财务头脑的人，也会落入一些精心设计的投资欺诈陷阱。例如，伯纳德·麦道夫的500亿美元的庞氏骗局案的受害者不仅数量众多，还包括了史蒂芬·斯皮尔伯格、拉里·金、约翰·马尔科维奇和莎莎·嘉宝等名人，以及纽约大学、各个国家的银行和国际奥委会等知名机构。

为了让受害者交出钱财，诈骗者常常试图把他们带入一种高度情绪化的状态，让他们暂时失去理性思考的能力。在这个过程中，诈骗者会使用一些心理技巧，这些技巧可能包括以下几个方面。

- ▼ 营造一个值得信赖的形象。诈骗者常常宣称自己与权威机构联系密切，如某家大银行或政府机构，以建立自己的名声。

- ▼ 播下"虚幻财富"的种子。诈骗者的主要工作就是让受害者相信他们承诺的高收益是可以实现的，并且风险很小。收益高达100%，损失最多2%，这么好的投资机会有谁能忍住不心动呢？你太想要获得这种收益的资产了，这妨碍了你批判性审查该投资机会的能力。诈骗者经常承诺一些"有保证的收益"，但这样的免费财富并不存在。

- ▼ 强调社会共识。诈骗者会告诉你，某些知名的投资者已经加入了他的计划，试图说服你也参与投资。

- ▼ 展现具有说服力的精美包装。诈骗者会创建令人印象深刻的网站、印章和信笺抬头，这些东西使用现代技术都很容易实现。

有时他们甚至未经批准就会印上美国证券交易委员会的标志。

▼ 营造光环效应。诈骗者试图给自己贴上如专业、可靠、友好、成功和有魅力等个人标签，希望这样的光环能让他们推销的投资标的看起来也像具有了优良的品质。

▼ 制造虚假的紧迫感。这些诈骗者会声称投资机会供应不足，试图以此来诱你上钩。"今天就行动吧！""如果还不赶快行动，你就会错过机会！"对错失良机的担心会让你快速推进投资步骤，尽管你可能本来是有所保留的。

▼ 使用马屁术。诈骗者会称赞你是　个知识渊博的优秀投资者，目的是让你感觉良好。他们会告诉你这次发行只对一小群精英投资者开放，要求你保守秘密并"加入这个俱乐部"。

▼ 从小委托开始建立忠诚感。这些诈骗者会试图抛出诱饵，先提出一些合理的要求或建议，委托你同意做一些小事情。一旦你完成这些小委托，感觉与对方建立了业务联系，就更有可能遵从下一个更大、更不合理的要求。

　　"现在我已经被骗过一次了，我觉得这种事不会再次发生在我身上。"

——范·乔

骗局 1
庞氏骗局
庞氏骗局的机理是怎样的

庞氏骗局是一种常见的投资欺诈形式，策划者通常会向投资者承诺可以低风险或零风险获得超高的收益。该计划以查尔斯·庞齐的姓氏命名，他是 19 世纪从意大利来到美国的移民，总共骗取了 1500 多万美元，相当于今天的 2 亿多美元。庞齐承诺能在 90 天内将投资翻倍，吸引了大约 4 万名热切的投资者，其中的大部分也是新到美国的移民。庞齐声称该投资计划的获利方式是在其他国家购买打折的邮费优惠券，并在美国按面值兑换成现金。但实际上庞齐只是把新投资者的钱支付给老投资者。他的骗局维持了 1 年多才崩盘。

我们来看一个经典庞氏骗局的一般流程。你在某个聚会上遇到了一个神通广大的投资者，他看起来似乎很喜欢你。据称，这位投资者有着非常良好的业绩记录。根据他的故事，他以前在一家大的投资银行工作，后来厌倦了只能帮公司赚钱，就开始自己单干。他一般只和最亲密的朋友分享他的投资策略，但愿意为你破一次例。他使用的是一种独一无二的投资策略，在市场上涨和下跌时都能收获巨大的收益。你感到受宠若惊并兴奋无比，但你遇到的只是一个诈骗者，他的目的就是骗走你的钱。

在庞氏骗局中，诈骗者不会真的将骗来的钱用于投资。相反，他们会用新流入的钱来支付那些较早投资的人，并将剩下的钱留给自己挥霍。较早加入的投资者拿到钱以后可以证明诈骗者承诺的收益是可靠的，这有助于说服新投资者掏钱。与此同时，这些诈骗者可能也在大把花钱以维持某种奢华的生活方式：乡村俱乐部、豪车豪宅、贵族学校和热带度假。但是不要被对方愚弄了，这种"斯拉夫"式的生活方式是用你的钱付账的！庞氏骗局需要源源不断地吸引新资金才能维持。当招募新投资者变得困难，或者大量现有投资者套现时，该骗局就会崩盘。根据机理，庞氏骗局的失败是迟早的事。还记得那些较早参与的投资者吗？他们往往会连本带利再投资该计划，因此也会赔钱。

欺诈和骗局因投资者的贪婪而繁盛，但这是人类本性的一个基本方面。许多庞氏骗局都具有以下一些共同特征。

▼ 承诺几乎没有风险的高收益。记住，每项真实的投资都有一定程度的风险。预期收益越高，风险就越大。

▼ 提供过于稳定的收益。如果有人告诉你无论市场状况如何，其策略都能带来稳定的收益，你就应该感到怀疑。

▼ 制造"光环"效应。庞氏骗局背后的诈骗者会夸大自己的可信度来说服投资者。伪造可信度的方法包括谎称自己曾就职于某个著名的金融机构或政府机构，或者伪造学位和专业技能证书。在投资前，你应该去确认一下他们的真实资质。

▼ 不具备从业资质。专业投资人士必须持有相应的从业执照或工商许可证，不要相信没有执照的服务提供商。

▼ 神秘复杂的策略。如果你理解不了对方的策略，就应该避开它们。

▼ 外国投资品种。推广外国投资品种的一个原因是进行相关的尽职调查可能会很困难，面对它们你应该三思而行。那些国家的本土投资者为什么看不到这些轻松获利的机会？

▼ 迅速支付给早期的投资者。提高骗局可信度的一个有效方法是向早期投资者支付收益，因为这样他们就会将自己的成功体验传播给其他人。这些早期的投资者往往会将他们赚到的钱再投进骗局当中，所以这样做不会让骗局面临现金短缺的风险。

案例分析：世界上最大的庞氏骗局案

人称"伯尼"的伯纳德·麦道夫曾经是一位备受尊敬的金融专家，

他是 20 世纪 70 年代纳斯达克股票市场的创始人之一，并曾担任纳斯达克股票市场公司董事会主席。纳斯达克是"美国全国证券交易商协会自动报价表"的英文首字母缩略词。许多人对他在股票市场方面的专长表示钦佩和尊敬。他对民主党和共和党而言都是慷慨的政治捐赠者，还曾为股票市场重组等事项去游说国会。麦道夫在美国证券交易委员会眼中也是知名人物，他曾在 20 世纪七八十年代帮助该委员会的工作人员实施鼓励更多市场竞争的计划。

麦道夫的市场声誉建立于他作为经纪交易商的职业生涯中。麦道夫投资证券公司成立于 20 世纪 60 年代，后来成长为华尔街最大的经纪公司之一。该公司占据了纽约曼哈顿中城区"口红大厦"的 17 ～ 19 层。麦道夫与他的兄弟和两个儿子在 19 层工作。在成功经营一家经纪公司的同时，他开始将代客投资服务作为福利提供给家人和朋友。麦道夫声称可以通过一种称为"分拆执行价转换"的投资策略，来获得巨大而稳定的收益。这其实是一种实际操作中常见的交易策略，也称"衣领期权"。如果合理使用该期权策略，可以在市场不发生极端波动的情况下获得稳定的收益。但实际上麦道夫没有遵循这一策略，他只是将客户的资金存入一个银行账户，用以付款给想套现的现有客户。这一骗局迅速发展成一场涉及金额高达 500 亿美元的"庞氏骗局之母"。

麦道夫把自己描绘成一个小心谨慎的人。他在曼哈顿有一套顶层公寓，在汉普顿、棕榈滩和法国南部的昂蒂布海角都有豪华公寓，还拥有两架私人飞机的股份和一艘 88 英尺⊖长的超级游艇，后者被恰如其分地命名为"公牛号"。麦道夫过着美梦一般的生活。随着他作为一名技能高超的投资组合经理的名声越来越大，他在犹太人圈子中的影响力也越

⊖   1 英尺 ≈ 0.3048 米。

来越大。麦道夫成了叶史瓦大学的财务主管,通过曼哈顿的富人社交圈和棕榈滩的精英犹太人乡村俱乐部吸纳了很多高净值犹太裔投资者。

麦道夫将他编造的投资策略当作独有秘方加以严密保护。他没有收取管理费,因为他声称作为经纪公司收取一些交易费用已经足够了。但事实上他没有做任何交易。麦道夫告诉他的客户,他是一个"保守"的投资者:"我不是每年都能表现特别出色。做不到,我没那么大能耐。如果你和我一起投资,你只会得到稳定的、低于平均水平的收益。但你每年都可以得到。"没错,每年10% ~ 12%的稳定而"不浮夸"的收益率让投资者觉得自己做出的是一个安全且保守的投资选择。麦道夫的客户必须签署一份保密协议,保证不谈论他的基金。他还会拒绝一些客户,这反而增强了他的吸引力,并增加了投资者对其基金的需求。许多富有的投资者都在想方设法成为麦道夫的客户。

然后,百年难遇的2008年金融危机发生了,这是自1929年大萧条以来最严重的经济灾难。在危机中,投资者只能尽其所能地出售他们能卖得出去的资产,但他们手中那些价格正在下跌的资产往往无法找到买家,所以他们能抛售的都是一些高质量的、有人接盘的资产,而不是自己想卖的那些资产。于是,急需现金的人们来向麦道夫要回他们的钱,但麦道夫手中没有足够的钱,所以骗局失败了。2008年中,他还号称管理着650亿美元资产,但在12月,他不得不承认公司的资产管理部门"只是一个大谎言"。至少有1万名投资者失去了他们的投资,其中包括很多慈善机构、银行、捐赠基金和大学,还有华尔街的所谓"精明钱"专家。2009年3月,在麦道夫承认对他的指控后,司法当局判处他150年监禁。该骗局的突然终止迫使一些慈善机构关闭,许多人失去了他们的退休储蓄或子女的大学基金。

清查麦道夫的资产并重新分配给受害者的过程花费了很长时间。在麦道夫被捕后，许多客户在等待赔偿期间死亡。一些人是自杀的，包括麦道夫本人的一个儿子。经过 12 个月的努力，法院指定的受托人追缴回了被骗金额的 75%。

案例分析：e 租宝 90 亿美元庞氏骗局案

e 租宝是来自中国东部安徽省的一个 P2P 平台，后来爆发了中国当时最大的庞氏骗局。该项目于 2014 年 7 月上线，吸引了约 500 亿人民币（76 亿美元）的资金和 90 万投资者，并于 2015 年 12 月停止交易。e 租宝承诺提供高达 9% ~ 14.6% 的稳定投资收益，募资对象主要是来自农村地区的中小投资者。e 租宝还声称公司的主要业务模式是常规的 P2P 借贷平台服务，在网上撮合借款人和贷款人。

2015 年 12 月，中国政府揭露了 e 租宝的欺诈行为。e 租宝某高管证实，有 95% 的投资项目都是虚构的，项目文件中充斥着从其他公司买来的虚假信息。管理层虚构了一些借款人，谎称他们会为贷款支付高得离谱的利率。调查显示，在据称从 e 租宝贷款的 207 家公司中，只有 1 家真正获得了资金。

e 租宝的创始人非常善于采取各种宣传行动来营造其与政府部门的"亲密关系"。通过这些宣传，e 租宝成功地营造出一个深受当局"认可"、信誉良好、值得信赖的平台形象。e 租宝的相关宣传行动如下。

▼ 在知名电视台晚间新闻之前的黄金时段播放广告。

▼ 赞助知名团体的网络广播节目。

▼ 参加知名国际博览会。

　▼ 媒体曾头条报道赞誉 e 租宝母公司对博览会做出的贡献。

▼ 被媒体评为最负责任的互联网金融公司之一。

　　▼ 用假公司发的假证书来表彰自己。

　　▼ 将秘书包装为成功人士，给她们穿上路易威登、香奈儿和古驰的服饰。

为了掩盖欺诈，e租宝的管理层把证据给"埋了"——就是字面意思的"埋了"。中国政府在安徽省邻省 20 英尺的地下挖出了大约 1200 份文档。这些文档显示，e租宝管理层花掉了大量骗来的资金以维持他们奢侈的生活方式。以董事长丁宁为例，他个人花掉的费用为 1.5 亿～ 2.3 亿美元。中国政府总共逮捕了 26 人，罪名是经营庞氏骗局。丁宁和他的弟弟都被判处无期徒刑，其他人则面临 3 ～ 15 年不等的刑期。最后只收回了 15 亿美元。

　　"上过电视、开了网站等并不能保证公司业务的真实性。"

——美国商品期货交易委员会

骗局 2

传销骗局

传销的原理是什么？它与庞氏骗局有何区别

传销骗局和庞氏骗局有一些相似的特征。例如，它们都需要来自新投资者的源源不断的资金来维持。当招募新投资者变得困难或许多已有投资者想套现时，这些骗局就会崩溃。有些人把这两个词互换使用，或者把庞氏骗局归类为传销骗局。尽管它们有诸多相似之处，但有一个明显的不同。在庞氏骗局中，参与者认为自己是在从真实投资中获得回报，但传销骗局的参与者知道他们可以通过寻找新的参与者来赚钱。

有一种特殊的销售模式叫作多层次营销（multi-level marketing，MLM），该模式向消费者提供了一个机会，让他们参与到产品的分销中来。消费者被发展为 MLM 经销商后，可以通过直接销售产品给客户来赚钱，也可以通过发展下线，即介绍其他人成为自己的下线 MLM 经销商，并获得下线销售收入的一定百分比来赚钱。在大多数情况下，MLM 是一种合法的业务模式。你可能也听说过欧瑞莲、康宝莱和玫琳凯等以 MLM 作为主要销售方式的品牌。

不幸的是，有一种骗局会把自己伪装成 MLM，那就是传销骗局。与 MLM 一样，传销骗局也依赖于你招募下线的能力，但是传销的目的是骗到你的钱，然后利用你从其他人那里骗到钱。传销骗局不提供有形的产品和服务，单纯依靠承诺提供发财机会来吸引新成员加入。但这些大赚特赚的投资机会并不存在，最终能招募到的新成员数量会越来越少。等到没有足够多的新成员来为该计划提供资金，这一过程就无法继续下去了。因此，所有的传销骗局都注定是要失败的。

案例分析：芬兰 WinCapita 俱乐部传销骗局案

芬兰 WinCapita 俱乐部传销骗局案是发生在芬兰的一个非同寻常的传销骗局。2003 ～ 2008 年，WinCapita 将自己伪装成一家只接受邀请方式入会的外汇投资俱乐部。通过一个名为"外汇交易员信号系统"的交易软件，WinCapita 向其会员承诺能获得 260% ～ 400% 的年收益率。该俱乐部最初名为 WinClub，但在芬兰电视台 2007 年报道了警方正在调查某个传销骗局的消息之后，该俱乐部改名为 WinCapita。

想要加入这家只接受以邀请方式入会的外汇投资俱乐部，需要购买一份价格为 3000 欧元的软件许可证。该俱乐部的运作方式是经典的

MLM 模式：现有会员只要购买软件许可证，就可以在自己的社交网络上为俱乐部背书，并获得邀请他人入会的资格。为了证明所谓的外汇交易是真实存在的，WinCapita 提供了一个能自动应答的虚假的"信号时钟"交易软件，会员可以在上面发出各种货币的"买入"和"卖出"的指令。尽管 WinCapita 将外汇市场描述为只有机构投资者才能进入的市场，但它承诺提供一个特殊渠道，让会员都有机会参与这一据称利润极高的交易业务，以吸引新成员加入。

为了给人一种会员资格发放是有选择性的印象，进入该俱乐部需要介绍人的推荐。最初的介绍人通常是当地的知名人士、大家族成员或商业联系广泛的人。如果某个介绍人能引入 5 个新会员，就可以永久性获取他们全部利润的 20%。所以介绍人会使用积极和有说服力的营销技巧，向潜在的投资者承诺不现实的回报，并用相关营销材料证明其可靠性。这种口口相传的营销方式是俱乐部获得新会员的唯一途径，因为 WinCapita 禁止现有会员在没有俱乐部书面许可的情况下向公众披露任何信息。第一批介绍人得到了丰厚的"投资利润"，然后将这些利润展示给自己要发展的新会员。他们甚至亮出银行对账单，显示该交易软件"简直好得不真实"。

所有的操作都是在互联网上进行的，会员必须使用个人用户名和密码访问俱乐部网站。发起人将俱乐部的运作细节描述为商业机密。通过某种复杂的机制，会员可以分享俱乐部的"交易利润"。WinCapita 会根据会员通过软件发来的交易信号将这些利润报告为会员的交易收益，但实际上只是将其他会员付的钱重新分配了一下。当有投资者要提现时，他们收到的资金和当初支付的资金来自同一个银行账户。实际的交易或操作从来没有产生过新的资金。WinCapita 网站上显示的虚拟利润完全是人造的，与现实世界的外汇交易没有任何联系。

2005～2008 年，WinCapita 共聚敛了大约 1 亿欧元，来自 1 万多名受害者。这是芬兰历史上最大的诈骗案，造成的损失估计超过 4100 万欧元。除了经济损失，WinCapita 的倒闭也破坏了介绍人和被他们介绍入会的投资者之间的私人关系。警方档案中有几处提到了该俱乐部倒闭导致的会员自杀、离婚和精神问题。在 1 万名投资者中，只有约四分之一的人与当局签署了集体诉讼协议。许多人不愿与警方联系，因为担心自己欺骗他人的行为被公之于众。更令人惊讶的是，一些会员真的希望该俱乐部能够重新开始运作，因为他们仍然相信这个体系是真实的。他们的发言人表示，警方的调查是"阴谋"，当局的干涉毁掉了这个有利可图的商业模式。

WinCapita 没有任何账本或真实的法律文档。该传销骗局主要由汉努·凯拉加维一人执行，他有从事计算机编程的经历，但没有从事投资行业的经历。该传销骗局一直运营到 2008 年 3 月 7 日，WinCapita 的网站停止工作，凯拉加维消失为止。2008 年 12 月初，芬兰警方在瑞典纳斯霍的一间小农舍里找到了躲藏在此的凯拉加维。2011 年 12 月，芬兰地方法院认定凯拉加维犯有严重欺诈罪，以顶格刑期判处他 4 年监禁。后来，赫尔辛基上级法院认定他犯有欺诈罪和集资罪，判处他 5 年监禁。他的女助手因协助警方调查只被判了 15 个月监禁并缓刑。

骗局 3

熟人诈骗

什么是熟人诈骗及为什么它如此阴险

熟人诈骗利用存在于宗教组织、职业团队、种族社群及其他类似团体中的信任进行诈骗。这些诈骗者是"披着羊皮的狼"。他们可能本身就是团体成员，或者假装成团体成员。有时，这些行骗高手会说服该团体的领导者帮忙宣传他们的计划。在将领导者发展入会后，这些诈骗者会把其当作金字招牌，鼓励其他成员投资。这些诈骗者在从新投资者那里拿到钱后，通常会向早期的投资者支付报酬，以使这个计划继续下去。也就是说，熟人诈骗通常以庞氏骗局的形式出现。熟人诈骗的一个独特之处在于，当计划失败时，受害者可能会试图在团体内部解决问题，而不是通知当局。

案例分析：乔治·西奥多 3000 万美元熟人诈骗案

来自海地的乔治·西奥多拥有并经营着几家公司和大约 100 家投资俱乐部，以及一些其他实体，并在它们的伪装下冒充金融专家。他声称自己非常擅长交易，拥有超过 17 年的股票和期权交易经验。西奥多告诉投资者，如果委托他来投资股票期权，可以在 90 天内将投入的钱翻倍。他以美国的海地社区为目标，并告诉潜在投资者部分交易利润将被用于各种人道主义目的，包括为海地社区的初创企业提供资金，以及为海地和塞拉利昂的商业项目捐款。

西奥多通过口口相传和面对面的线下会议不断宣传其计划的高收益来吸引投资者，还鼓动投资者尽快开始投资。西奥多通常会在白板或活动挂图上描述他的投资计划，以及他曾经通过股票和期权交易获得的令人难以置信的利润。他会强调投资的安全性，保证投资者可以在没有风险的情况下获得 100% 的回报。他声称这个虚构的交易方案的安全性源于它投资的都是一些知名公司的股票和期权，如谷歌、约翰迪尔、孟山都、百思买和游戏驿站等。

西奥多使用名为"创意资本联盟"和"创意资本概念"的两家公司来

实施他的骗局。为了提高投资者的安全感，他指导潜在的投资者成立投资俱乐部，并声称有一个官方自律机构，即智能投资管理服务有限责任公司（Smart Investment Services，LLC，SIMS），来帮助投资者成立该俱乐部。他还声称 SIMS 能通过独立核实投资者的存款来保护投资者。实际上 SIMS 是一家由"创意资本"前雇员经营的私营公司，而不是什么监管实体。

2007 年 7 月到 2008 年 12 月，西奥多从近 2500 名投资者那里诈骗了 3000 多万美元。其中只有一小部分进入了实际的交易账户，大多数投资者都失去了所有的投资。西奥多对其交易成功的声明完全是虚假的，他实际上只操纵了一个巨大的庞氏骗局。交易记录显示他至少亏损了 1800 万美元。他还挪用了其余的投资基金以维持他奢侈的生活方式，包括富有异国情调的汽车、摩托车、珠宝和在拉斯维加斯的花费。

2008 年 12 月，美国证券交易委员会采取了一次紧急执法行动，使得这一骗局宣告失败。美国律师维弗雷多·费雷尔说："西奥多利用了那些因为文化渊源信任他的人。这种策略是不能容忍的，特别是考虑到一些受害者失去了他们全部的积蓄。"2014 年，西奥多被美国联邦法院判处了 12 年半的监禁。

> "最让人寒心的事情莫过于被自己信任的人在背后捅了一刀。"
>
> ——美国金融业监管局

骗局 4
拉高抛售骗局
拉高抛售骗局是如何运作的

拉高抛售骗局的策划者会秘密地大量购入某家上市公司的股票，然后通过对该上市公司进行虚假或夸大的陈述，吸引其他投资者买入以拉高股价，并在股价飙升后出售他们的头寸。

一般来说，拉高抛售骗局选择的目标股票都是交易量小的小盘股，这些股票的价格更容易被操纵。随着互联网的出现，这种非法行为变得更加普遍。这些诈骗者会在网上发布虚假信息，声称拥有内幕信息，即有关某家上市公司的非公开信息。根据这样的信息买卖股票可以在交易中获得优势。在一些国家，如美国，基于内幕信息的交易是非法的。拉高抛售骗局的策划者会编造一个能解释公司股票即将暴涨的故事，敦促投资者在股价进一步上涨之前迅速买入这只"热门"股票，然后利用他们进一步拉高股价。诈骗者在最初建仓购买股票时也会拉高股价，这一上涨也会被编造为该公司增长故事的一个佐证。在股价被进一步拉高之后，欺诈者就会高价卖出，或者说抛售掉手中的股票，然后转而寻找下一只目标股票。没有他们继续拉高股价，股价就会暴跌，导致大多数投资者亏损。

由乔丹·贝尔福特创立的斯特拉顿·奥克蒙特公司进行了有史以来最广为人知的一起拉高抛售骗局。20世纪90年代，斯特拉顿·奥克蒙特公司成了美国最大的场外交易公司。场外交易是指小公司股票通过交易者之间的网络直接进行交易，而不是在正式的证券交易所进行的交易。斯特拉顿·奥克蒙特公司参与了无数的拉高抛售骗局，给投资者带来了巨大的损失。美国联邦调查局在1999年以证券欺诈和洗钱的罪名起诉贝尔福特，在2003年判处他4年监禁并处个人罚款1.1亿美元，但他只服了22个月的刑期。据报道，截至2019年，贝尔福特仍然欠了约9700万美元没有还清。

贝尔福特和斯特拉顿·奥克蒙特公司的故事之所以广为人知，原因在于 2013 年 12 月首映的电影《华尔街之狼》。贝尔福特还在自己的同名回忆录《华尔街之狼》和《抓捕华尔街之狼》中亲自讲述了自己的故事。他现在经营着自己的公司，提供销售培训和市场直销培训，面向那些想学习如何积累财富的投资者。

案例分析：AJ 迪斯卡拉 3 亿美元拉高抛售骗局案

阿布拉克萨斯·J. 迪斯卡拉，人称 AJ 迪斯卡拉，与上市公司内部人士、证券经纪商及犯罪网络中的其他人合谋，操纵了一系列复杂的拉高抛售骗局，从众多投资者手中骗取了大量钱财。2013 ~ 2014 年，该团伙操纵了 3 家不同上市公司的股票。

他的第一个大规模股价操纵计划涉及一家名为智能代码的非上市公司。迪斯卡拉和他的同伙策划了一次反向收购，将智能代码并入了一家空壳上市公司。在反向收购中，尚未上市的私人公司会被并入一家已经上市的公司。与 IPO 不同，反向收购的目的不是筹集资金，也不需要获得监管部门的批准。在获得智能代码的股票控制权后，迪斯卡拉和他的同谋两次人为地抬高该公司的股价，并最终以较高的价格出售了手中的股票。

该团伙的一名成员曾担任智能代码的首席执行官，并发表了一些具有重大误导性的声明，以拉高该公司股票的价格和交易量。2013 年 5 月 13 日到 8 月 21 日，智能代码每隔 3 天就会发布 1 次虚假的新闻稿，使得其股价从每股 1.77 美元涨至每股 6.94 美元。以最高收盘价计算，智能代码的市值超过 1 亿美元，但其总资产仅为 6000 美元，总收入 7600 美元，净亏损 103 000 美元。该公司的市场估值与其真实价值毫无关系。该团伙的两名证券经纪商成员欺骗其客户买入智能代码的股票。这些客户并不知道，由于迪斯卡拉和其同谋的行动，智能代码股价处于严重虚高的位置。迪斯卡拉和他的团伙减少交易后，智能代码的股价暴跌。迪斯卡拉在相关交易中获利超过 280 万美元。2014 年 7 月，智能代码的股价跌到了每股 0.01 美元。

该团伙的第二次大规模股价操纵计划涉及一家名为立方体的公司。2014 年初，迪斯卡拉及其同伙抬高了立方体的股价，让它看起来像一家蒸蒸日上的正规公司，其股票也有真实的需求。2014 年 6 月 23 日，立方体的股价达到每股 6.75 美元的最高价格，市值达到大约 2 亿美元。与此同时，立方体的报告收入为零，股东权益为负，净亏损为 15 000 美元。2013 年 10 月至 2014 年 7 月，迪斯卡拉还操纵了人力资源集团有限公司的股价。

2018 年 5 月，美国联邦调查局判定迪斯卡拉合谋证券欺诈、邮件和电信欺诈，以及与 3 家上市公司有关的两项证券欺诈罪名成立。威廉·斯威尼在一份新闻稿中说："投资者知道他们在购买股票和其他有价证券时是在冒险，但他们从一开始就没有预料到自己在被诈骗。在很多案件中，我们都能看到一些受托看管别人钱财的白领犯罪分子，为了自己的利益转移客户的钱财。偷窃就是偷窃，无论以何种形式或方式，今天法庭的定罪证明了这一点。"

骗局 5

小公司股票骗局

什么是小公司股票骗局？为什么它如此盛行

小公司股票骗局指的是利用小公司股票进行投资诈骗的骗局。小公司的市值非常小，股价也很低，一般来说低于每股 5 美元，因此其股票也被称为低价股。有关这些公司的公开信息很少，因此股价操纵相对容易。小公司股票通常在场外市场交易，这是一个去中心化的市场，不要求公司通过正式的审批程序或达到任何最低的财务标准。市场参与者可以通过各种方式进行交易，包括电话、电子邮件和电子交易系统。可能两个参与者在场外交易市场交易，而其他人还不知道该交易已经发生。有超过1万家公司的股票在美国的场外交易市场进行交易。由于这些市场缺乏透明度且财务标准宽松，其中的小盘股极易受到股价操纵的影响。

案例分析：VGTel 公司 1500 万美元低价股骗局案

2009～2015 年，一个名叫爱德华·杜兰特的前科犯和他的同伙策划并实施了一个低价股骗局。美国政府此前曾以证券欺诈、电信欺诈、洗钱和操纵市场等罪名判处杜兰特有罪，并在 2003 年判决他入狱 121个月。杜兰特没有向他的投资者告知自己的犯罪前科，以及美国政府禁止他从事证券出售及相关业务的事实。

2011 年，化名安东尼·沃尔什的杜兰特用一家空壳公司收购了VGTel 公司。通过这次收购，他控制了几乎所有的 VGTel 公司股份，都是未上市的低价股。杜兰特告诉一位投资者，VGTel 公司已经做成了几笔重大的买卖，其业务也将迅速扩张，因此股价将会大幅上涨。他还告诉这位投资者，虽然他不是 VGTel 公司的管理人员或董事会成员，但他控制着这家公司。在这次交流之后，该投资者将杜兰特介绍给了至少 30 位朋友和（或）家人，他们最终都成了 VGTel 公司的投资者。

一个有执照的经纪商成了杜兰特的同伙，他把 VGTel 公司的股票卖给了新英格兰、俄亥俄和加利福尼亚等地的投资者。在出售 VGTel公司的股票时，杜兰特声称该公司会将以扩大业务和生产的名义筹集的资金用于潜在的反向收购。但在现实中没有发生任何反向收购，他将全部 900 万美元都用于了个人用途。杜兰特和其同伙还告诉投资者他们能一直获得 8% 的股息，直到他们购买的私人股份能够以事先承诺的溢价在公开市场上出售为止。事实上，投资者从来没有收到任何股息或利息，许多投资者甚至没有看到过 VGTel 公司的股票证书或出售股票的许可证。

杜兰特还通过建立其他空壳公司来操纵 VGTel 公司的股价。这些空壳公司参与 VGTel 公司的股票买卖，并与接受交易委托的经纪商相互串通。因为交易双方的账户都处于杜兰特和其同伙的控制之下，所以他们可以自由地操控 VGTel 公司的股价。

2013 年 4 月至 10 月，该团伙将 VGTel 公司的股价从每股 0.25 美元拉高至 1.90 美元。杜兰特通过贿赂投资顾问将股票出售给他们的客户，有时甚至在客户不知情或未允许的情况下。他将这些非法所得都用于了个人用途。2016 年，杜兰特承认自己犯了证券欺诈、洗钱和伪证罪。2018 年，他因诈骗至少 100 名投资者超过 1500 万美元而被判入狱 216 个月。

骗局 6
高收益投资项目骗局
为什么这类骗局能吸引众多受害者

高收益投资项目骗局打着未经官方注册的投资项目的幌子，通常由无相关执照的发起人经营。这些骗局常常通过华丽的网站在线运行。高收益投资项目骗局最常见的迹象如下。

▼ 用难以置信的高收益促销，一般会声称在短期内即可获得收益。
▼ 告诉投资者项目几乎没有风险。

▼ 主动通过网络或电话联系投资者。

高收益投资项目骗局可能涉及各种形式的资产，如股票、大宗商品、房地产、贵金属甚至绘画作品。诈骗者可能会声称该项目得到了主流国际机构的支持或赞助，如国际货币基金组织、联合国或美联储等。一个明显的危险信号是对方推销的证券是由一家名字古怪且难以联系的离岸银行发行的，另一个危险信号是对方要求你迅速行动并保守秘密以确保交易的安全性。

案例分析：ZeekRewards 高收益投资项目骗局案

保罗·伯克斯是雷克斯风险集团有限责任公司的老板，他通过该公司控制并经营着一家假冒的互联网小额拍卖公司 Zeekler，以及声称为 Zeekler 提供广告服务的公司 ZeekRewards，两者合称"Zeek"。2010年 1 月到 2012 年 8 月，伯克斯利用 Zeek 运作了一个大型骗局，从来自美国和其他国家的 100 万受害者那里骗取了 9 亿美元。

伯克斯和他的同伙声称 Zeekler 可以从小额拍卖业务中获得巨额利润，而公众可以通过投资 ZeekRewards 来分享这些利润。这是一个经典的高收益投资项目骗局，诈骗者承诺向投资者提供高达 125% 的有保障的投资收益，并一直宣扬"人人都能赢"的口号。这些诈骗者要求投资者将钱投入到一个复杂的"零售利润池"项目中，声称只要这样做他们就可以分享 Zeek 每日净收益的 50%。诈骗者还承诺每天会向投资者提供相当于投资额 1.5% 的"奖励"。尽管表面上投资上限被限定为每人 1 万美元，但诈骗者允许投资者代表自己的配偶或其他亲属进行投资。一些受害者甚至抵押了自己的房子来增加投资额度。

伯克斯捏造了每天的"利润"数字。大约 98% 的资金支出都来自受害的投资者，他们的钱被用来支付给该骗局的早期投资者。该计划只有在新投资者的投入足以覆盖资金外流的情况下才能维持。Zeek 除了拥有一个简单的转账数据库用于保存存取款信息外，没有其他的账簿和记录。除了向投资者承诺高额收益，伯克斯和他的同伙还不遗余力地使用任何其他方式向当前和潜在的投资者进行推销。他们在每周的电话会议和被称为"红地毯活动"的领导会议上，对 Zeek 的成功做各种虚假陈述。他们还在包括报纸、网站、电子邮件和期刊在内的各种媒体上刊载和发送虚假和有误导性的广告来吹嘘 Zeek 的成功，以招募新的受害者。

2012 年 8 月，美国证券交易委员会宣布紧急冻结 ZeekRewards 的资产，以停止其濒临破产的业务。当时，伯克斯和他的同伙向受害者谎称，由于账面利润的复利性质，他们的投资总价值达到了 28 亿美元。但实际上他们只有 3.2 亿美元可以支付给投资者。在整个骗局中，伯克斯转移了大约 1000 万美元到自己的账户中。

2016 年 7 月，美国联邦陪审团裁定伯克斯犯有电信诈骗、邮件诈骗和税务欺诈罪。2017 年 2 月，美国政府判处伯克斯 15 年监禁，并责令其赔偿给受害者 2.44 亿美元。在宣判时，法官表示，要使该项目像诈骗者宣传的那样奏效，需要出现"面包和鱼"的神迹。法官引用的是《圣经·约翰福音》中的典故，即耶稣仅用 5 个大麦饼和两条小鱼就"喂饱 5000 人"的神迹。

骗局 7

原始股骗局

原始股骗局是如何运作的

IPO 是未上市公司首次向公众发行股票的过程。一般来说每个公司只能 IPO 一次。通过这个过程，一家非上市公司就变成了一家上市公司。从美国股市的历史数据来看，许多 IPO 的定价是过低的，这意味着公司首次上市时的股票售价可能会低于其内在价值或真实价值。在热门股 IPO 的头几个交易日，提前拥有或购买了该股票的投资者有机会在股票交易所以较高的收益出售这些股票。由于热门股票的数量有限，加上部分投资者对股票的未来表现有过度乐观的倾向，原始股持有者有可能获得大量初始收益。

案例分析：JSG 公司千万美元原始股骗局案

加斯旺多·吉尔（人称詹森）和哈维尔·里奥斯创建了一家冒牌的对冲基金，取名为 JSG 公司。通过该基金，他们以有机会购买优步、爱彼迎和阿里巴巴等多家科技公司的原始股为由，从 200 名投资者身上骗走了 1000 万美元。JSG 公司自称是总部位于旧金山的精英对冲基金，名下管理着 2500 万美元的资产。JSG 公司的网站在展示公司投资理念的文字旁边，配上了纽约证券交易所交易大厅的照片。它的投资理念包含一个分为 4 个步骤的"投资流程"，声称通过这些步骤可以"通过集中研究，识别出那些由于投资者对宏观或公司特定事件的负面消息反应过度，而导致股票估值过度折价的伟大企业"。

在营销材料中，JSG 公司将自己描绘为"一家独立的私人投资咨询公司"，为每位客户解决"个人投资组合管理方面的难题"。这些陈述都是虚假的。吉尔吹嘘自己曾担任摩根士丹利的总经理，并与多家著名的硅谷风险投资公司关系密切，这使得他有门路买到热门公司的上市前股票。吉尔还谎称自己拥有剑桥大学的本科学位和加州大学伯克利分校的工商管理硕士学位。吉尔、里奥斯和 JSG 公司都没有在美国证券交易委员会或任何其他国家监管机构注册。根据美国证券交易委员会的说法，里奥斯的行业背景是餐饮服务业。

该骗局开始于 2013 年 9 月，受害者主要是没有投资知识或经验的中产阶级。JSG 公司承诺"提供参与另类投资策略的机会，这些策略以前只对社会上层的 1% 或超级富豪开放"，还承诺高达每年 60% 的有担保的固定收益。JSG 公司的投资合约声称该投资以一些知名券商名下的资产作为担保。担保本来应该能为投资者提供额外的损失保障，但这些陈述也是虚构的。

JSG 公司没有购买任何股票，而是把大部分钱用于吉尔及同伙度假、拉斯维加斯赌场之旅、绅士俱乐部会员及其他个人用途。在骗来的 1120 万美元中，只有 10 万美元汇入了 JSG 公司的经纪账户，还不到总数的 1%。吉尔和里奥斯总共花费和非法转移了超过 550 万美元的资金，另外还向 JSG 公司的早期投资者支付了 420 万美元的收益以维持该骗局。2016 年 5 月，美国联邦调查局以电信欺诈和电信欺诈同谋的罪名逮捕了他们，该罪名最高可判处 20 年监禁。

> "我们必须互相提防。这是我们抵御背叛的唯一防线。"
>
> ——田纳西·威廉姆斯

本章要点

庞氏骗局的曝光度已经很高了，但不幸的是许多投资者仍然没有从中吸取教训。这种骗局的普遍程度比大多数人意料当中的更高。事实上，许多投资者坚持认为"这种事情不会发生在我身上"。然而在现实中，这些古老的骗局仍然在不断骗取大量受害者的血汗钱。即使是头脑清醒的投资者有时也无法认识到一个看似诱人的投资机会实际上是一个骗局。如今，投资者面临着一系列越来越复杂，令人眼花缭乱的骗局。对抗欺诈的斗争仍在继续，因为有创意的诈骗者不断开发新的方法来欺骗公众。防范投资欺诈的最佳防线是加强相关教育和增强防范意识。通过了解人们为什么会落入这些陷阱及如何避免，你就可以降低自己成为受害者的风险。

现在开始注意还为时未晚。了解以下几点可能会帮助你避免成为投资欺诈的牺牲品。

▼ 明白人们落入投资欺诈的陷阱，是由于轻信、非理性、贪婪、过于乐观或过度自信等原因。

▼ 通过询问问题、调查、了解销售人员、警惕主动报价、保持怀疑眼光、了解投资对象并控制自己的情绪来避免投资欺诈。

▼ 请求获取关于投资对象和投资机会提供者的所有信息。合法的投资专家在被要求提供这些信息时不会有任何问题。

▼ 识别投资欺诈的迹象或危险信号，如保证能获取高收益低风险的投资机会、千载难逢的交易机会、不快速行动就会错过和过于稳定的收益等。

▼ 正如一句老话所说："如果听起来好得不真实，那它可能的确不真实。"

"预见危险相当于避开一半。"

——谚语

| 第6章 |

针对无防备投资者的其他诈骗和欺诈

"腐败、贪污、欺诈都是处处可见的现象。令人遗憾的是，不管我们喜欢与否，这些都是人类本性的表现形式。成功的经济体所能做的就是将其保持在最低限度。从来没有人曾消除过这些东西。"

——艾伦·格林斯潘

美联储前主席

你是否有过成为诈骗或欺诈事件受害者的经历？如果有的话，你可能还清楚地记得这段不愉快的经历，以及那种丢钱的痛苦和被愚弄的耻辱交织的感觉。诈骗是指某人以严重违法的形式，通过欺骗从受害者那里获取某些贵重物品的行为，目标通常是金钱或其他财产。这种利用他人信任的行为极其邪恶，也违反了民法。欺诈包含的不法行为种类没有诈骗那么广泛，通常指的是在正常金钱和商业往来中使用欺骗伎俩的行为。与诈骗相比，欺诈一般是更轻微的犯罪，该名词也不是专门的法律罪名。但不管是诈骗还是欺诈，都会让你受到伤害和冒犯。

在你的身边，各种各样类型的欺诈和诈骗数不胜数。许多骗局看起来既专业又可靠，很难将它们与那些真实的投资机会区分开来。世界各国的相互联系日益紧密，给人们带来了更多金融投资的机会，但同时也为诈骗者提供了一个极具吸引力的舞台。互联网的发展已经改变了诈骗者活动的格局，数以百万的极易欺骗的投资者一下子暴露在他们面前，成了最合适的潜在目标。科技的进步也让行骗高手可以方便地进行匿名操作。你在上网冲浪的时候，就可能会成为一些新颖而有创意的骗局的受害者。这些骗局可能包含复杂的交易算法，也可能打着加密货币等炫目的新技术作为幌子。

本章介绍了几种新型的欺诈和诈骗方式，这些骗局能将不知情的受害目标诱入网中。本章还提供了一些案例分析，以展示诈骗者在骗取受害者钱财的过程中表现出来的"创造力"。精明的投资者需要有能力意识到这些骗局，并避免踏入其中，否则你们的财富和尊严都会面临伤害。要记住，面对这些精妙的陷阱，没有人能够天生免疫。

骗局 1
外汇交易诈骗
如何识别潜在的外汇交易诈骗

外汇市场是投资者和投机者交易各国货币的场所，是一个全球性的分散化市场。外汇交易基本上都发生在场外交易市场或者说银行间市场中，银行与其他市场参与者在 24 小时电子平台上进行不间断交易。只有 3% 的外汇交易发生在交易所。以交易量衡量，外汇市场是世界上最大的活跃市场。根据国际清算银行的数据，每天的外汇交易超过 5 万亿美元，比全球股票市场日交易额的 25 倍还要高。虽然有一部分外汇交易是出于商业和金融目的，但是大多数交易都出于投机目的。换句话说，外汇交易量的绝大部分来自投机者为了从盘中价格波动中获利而进行的买卖。

作为一个精明的投资者，你应该了解和外汇市场投资有关的几个常识。第一，外汇交易是一场零和游戏，这意味着一个交易者的收益必然是另一个交易者的损失。因为货币是成对交易的，如果一名交易员用大量欧元买入美元，作为其对手的交易员用大量美元买入欧元，那么最后其中一方的盈利与另一方的亏损将正好抵消。考虑到佣金和其他交易成本，外汇交易实际上是一个负和游戏。第二，大量研究表明，连外汇交易的专业人士也不能确保自己能成为最后的赢家。

外汇交易诈骗是指诈骗者通过谎称可以为投资者提供交易外汇的渠道，让受害者相信自己有机会通过亲自进行外汇交易，或让人替他们交易外汇来获得高额利润，从而骗取投资者钱财的骗局。以下是几种常见的外汇交易诈骗伎俩。

▼ 庞氏骗局。新投资者的钱没有被用于交易外汇，而是用于支付给先进入的投资者，或者用于诈骗者的个人挥霍。

▼ 虚假宣传。诈骗者向投资者谎称保证能赚到巨额利润，同时风险极低或为零。

▼ 频繁操作客户的账户导致过度交易，以收取更多佣金。

▼ 推销"神奇"的交易软件，宣称该软件能向投资者发出何时该

买入或卖出的信号，或以其他方式帮助投资者获得巨额利润。但世界上没有这么神奇的交易软件。

▼ 买通"经纪商"，让他们获得尽量让投资者亏损的内在激励。

欺诈或诈骗最典型和最明显的迹象是高收益且没有风险的承诺，无论诈骗者宣传可以通过什么手法保证和实现该承诺。近年来，外汇交易诈骗大幅增加。科技进步带来的便利性能部分解释该现象，诈骗者现在很容易就能构建欺骗性的网上外汇交易平台和服务项目。

> "也许你觉得金融教育收费太高，其实无知的收费更高。"
>
> ——安迪·麦金太尔

案例分析：Exential 公司 2 亿美元诈骗案

悉尼·莱莫斯和瑞安·迪索萨打着外汇交易的名义，在迪拜运作了一个大型庞氏骗局。他们声称拥有一个复杂的计算机算法，能够确保使用者在外汇市场上获得超额收益。莱莫斯是 Exential 公司的首席执行官，该公司是一家位于迪拜媒体城的外汇交易公司。该公司向投资者承诺，只要开通一个外汇交易账户并存入 2.5 万美元，便可获得最高120% 的收益，并且每个投资者可以开设任意数量的账户。与一般的庞氏骗局一样，莱莫斯和迪索萨会向早期参与的投资者支付利润，但最终会停止向任何人支付利润。

诈骗者把目标对准了在菲律宾教堂做礼拜的人们和阿联酋航空公司的职员。该骗局最终在阿联酋吸引了约 7000 名个人投资者，这些受害者总共开设了约 18 000 个外汇账户。在受害者当中，一位石油天然气公司的高管开设了 700 个账户，并在每个账户投入了 2.5 万美元；一位铝业公司的前副总裁开设了大约 350 个账户。在诱人的高收益诱惑下，还有数百名投资者通过从银行贷款的方式，放了两倍甚至 3 倍的财务杠杆。每个人都很开心，如果他们能在月底收到承诺中的钱的话。但当公司不再支付现金时，许多人终于意识到自己被骗了。

莱莫斯用投资者的钱过着奢华的生活，并经常在社交媒体上炫耀着自己的生活方式。为了营造一个成功商人的形象，他购买了昂贵的汽车、豪华的别墅，还举办过很多奢华的派对。在他的祖国印度，莱莫斯还成了果阿足球俱乐部的主要赞助商，这进一步提高了他的声誉。他雇佣的果阿男孩的薪水是迪拜其他外汇交易公司的两倍。作为获得高薪的代价，他们要穿上正装假装工作，并在需要的时候在办公室里表现得很忙碌，尽管实际上并没有什么真实的工作要他们去做。莱莫斯还邀请他的员工参加奢华的派对，并在社交媒体上发布派对的照片。莱莫斯和迪索萨将钱转移到了一家澳大利亚经纪公司的名下，该经纪公司的所有者是莱莫斯的妻子凡兰妮。

2016 年 7 月，迪拜官员查封了 Exential 公司的办公室。2018 年 3 月，迪拜法院受理的起诉莱莫斯、迪索萨和凡兰妮的案件超过 500 起。迪拜政府要求根据每个案件判处每名被告 1 年监禁，最终这些诈骗犯面临每人 517 年的刑期。截至 2018 年 6 月，迪拜政府已查获了莱莫斯名下价值 1500 万美元的房产和价值 600 万美元的其他资产。

"有人会对你撒谎和诈骗，是因为你太过愚蠢，无法理解真相。"

——德斯·班格

骗局 2

二元期权诈骗

什么是二元期权？二元期权交易网站是如何被用于诈骗的

二元期权是一种看似简单易懂的金融产品，它也因此成了投资新手的流行选择。二元期权是一种金融期权，也被称为全有或全无期权、数字期权或固定回报期权，投资者在某个赌方向的游戏中获胜的话就可以获得固定数额的金钱，输了的话则什么都得不到。二元期权中的"二元"前缀，源于投资者每次只能在两种可能方向中选一个下注。一般来说，交易双方赌的是一个事件是否会发生。如果你的看法是正确的，你就"赢了"，并得到固定数额的投资收益。如果你的看法错了，就会失去你的全部投资。二元期权的实际效果相当于一次简单的赌博，就像掷硬币一样。

二元期权通常被用于押注某个标的资产（如股票、货币或大宗商品）的短期价格变化方向。你几乎可以对任何公开交易的资产下注，但赔率安排一般会对庄家有利，就像在赌场一样。要做到收支平衡，你必须能在 50% 以上的时间里正确预测到价格变化的方向。但在现实中，无论多么精明博学的人都做不到始终如一地预测到股票、货币或大宗商品价格短时间内的变化。

在现实世界中，大多数自称"二元期权经纪商"的机构只是一些欺诈者打出的幌子，并不是名副其实的经纪商。按照定义，经纪商应该是专门帮其他人撮合货物或资产买卖的人。但在冒牌的二元期权经纪商那里，一个投资者的交易并不会与另一个投资者配对，而是直接与经纪商对赌，就像体育博彩一样。投资者的胜利就是经纪商的损失，反之亦然。在投资者参与初期，经纪商可能会让他们赢几次，以鼓励他们继续参与，并押下更大的赌注。

冒牌的二元期权经纪商经常在社交媒体上做广告来吸引顾客。在这些广告中他们的业务看起来相当体面，因为他们要把自己伪装成正常投资服务提供商的模样。你还可以通过广告链接来到他们设计精良且看起来非常专业的网站上。他们的营销手段和很多在线赌场和赌博网站使用的伎俩类似，具体如下。

- ▼ 声称有机会获得巨额利润，且几乎没有风险。常见的广告语包括"在60秒内即可获得90%的收益""高达83%的平均胜率""不管你如何交易都稳赚不赔"等。
- ▼ 用注册即送的免费奖品吸引人们上钩，如对每个新注册者发放"免费"的100美元交易抵用券。
- ▼ 通过各种社交媒体平台或者群发电子邮件进行密集的推广。
- ▼ 找一些虚假的"老用户"现身说法，宣扬他们在该平台"不费吹灰之力就一夜暴富"的经历。

在世界各地，大量二元期权交易网站如雨后春笋般出现。尽管其中部分网站上交易的是在正规交易所上市的二元期权，但大多数该类网站是不受监管的，也没有证券委员会来保护投资者的利益。二元期权诈骗是一个日益严重的问题。美国联邦调查局将与此有关的投资者投诉分为三类。

- ▼ 交易软件操纵。网站可能会修改使用的算法，通过扭曲价格和支出故意制造让投资者亏损的人为交易。

▼ 拒绝客户赊账或撤资。那些实施这种骗局的人可能会无视投资者的撤资请求，拒接电话和电子邮件，并冻结投资者的账户。有的甚至还会反过来对投资者提起欺诈指控。

▼ 身份盗窃。诈骗者可能会要求投资者提供信用卡、护照、驾照、水电费账单或其他个人资料及信息，以窃取投资者的身份。

根据美国新闻调查局的报告，被卷入二元期权诈骗的投资者有 80% 会损失其全部投资，只有 3% 的人可以获得盈利。美国联邦调查局称，根据一些欧洲国家的相关报告，与二元期权有关的诈骗投诉数量现在已经占到所有投资诈骗投诉总量的 25%。

"二元期权的购买者通常会亏钱，而且损失可能会非常巨大。"

——美国金融行为监管局

案例分析：杰瑞德·戴维斯 1000 万美元二元期权诈骗案

2012 ～ 2016 年，杰瑞德·戴维斯通过爱利营销有限责任公司，策划并实施了一个二元期权骗局。他为自己的二元期权平台起了多个炫目的名字，包括"期权造币厂""期权之王""期权皇后"等。该骗局利用了几家设有海外银行账户的外国空壳公司，雇员和据点分布在世界各地，包括桑达斯基、俄亥俄州、哥斯达黎加共和国、圣马丁岛，还有加勒比海的一个岛国。2015 年，加拿大监管部门曾提醒投资者小心"期权造币厂"和"期权皇后"可能存在的问题。

这个二元期权骗局具有欺诈的许多典型特征。

▼ 戴维斯没有到美国证券交易委员会或商品期货交易委员会为自己的二元期权生意进行注册。

▼ 尽管戴维斯看起来扮演了经纪商的角色，但他并没有将投资者接入合法的二元期权交易所，以帮助他们与其他投资者进行匹配交易。相反，他在每笔交易中都扮演了投资者的对手方。

▼ 戴维斯欺骗投资者说，他们的钱会被存放在一个银行账户里，但实际上他在收到钱的时候就将它们转走了。

▼ 他将没有相关经验或资历的员工虚构为经纪商或分析师。

▼ 戴维斯向投资者表示，他们可以在任何时候取回自己的钱，但实际上要关闭一个账户需要经过不必要和繁杂的文档填写。

▼ 戴维斯经常操纵期权交易软件，以增加参与者损失的概率。

▼ 戴维斯告诉投资者，只要存入更多的钱，就可以参与"无风险""有保险的""有保证的"二元期权交易。

▼ 戴维斯通过群拨电话的方式搜寻投资者，并利用互联网和社交媒体进行营销。

戴维斯从投资者身上共骗取了 1000 万美元，把这些钱用于了个人消费和房产购买。有关部门于 2018 年 6 月 5 日逮捕了戴维斯，并对他提出 19 项指控，包括洗钱、电信欺诈和妨碍司法公正等。

骗局 3

加密货币诈骗

为什么加密货币骗局对投资者的吸引力如此之大

加密货币是使用封装加密技术加密过的数字货币或虚拟货币。封装加密技术是一种电子加密技术，原本是用来保护和确认网络信息传输安全性的。近年来加密货币蓬勃发展，尤其是在 2017 年底之后，当时许多加密货币的投资者在短时间内获得了百分之几百甚至几千的收益。比特币是规模最大且名声最响亮的加密货币,其价格在 2017 年初还不到 1000 美元,但在该年 12 月达到了 1.9 万美元以上。2018 年 1 月,诺贝尔经济学奖得主罗伯特·希勒曾将加密货币的繁荣与 17 世纪荷兰的郁金香狂热相提并论。许多人认为郁金香狂热是第一个有记录的投机泡沫。在荷兰的黄金时代,投资者从 1637 年开始疯狂地购买郁金香,把它们的价格推到了前所未有的高点。但几乎在一夜之间,郁金香的价格崩盘了,许多人因此破产,给荷兰经济造成了深远的后果。

美国证券交易委员会在 2018 年的年报中指出,加密货币市场的繁荣掩盖了这样一个事实,即这些产品通常是风险很高的投资,而且有些产品只不过是披着新兴技术外衣的彻头彻尾的骗局。

新的加密货币还在不断出现,其推广者声称自己的加密货币解决了现有货币的很多问题,或者提供了一些其他币种不具备的功能。

▼ 美国证券交易委员会估计,自 2017 年以来,各种加密货币的 ICO(相当于普通股票的 IPO)已经筹集了超过 120 亿美元。

▼ 人们被快速获利的可能性吸引,都在试图寻找"下一个比特币"。

▼ 根据许多币种价格的历史表现,许多人相信高得离谱的承诺或保证收益率是可以实现的。

尽管利用加密货币进行欺诈的行为屡见不鲜,但由于区块链技术带来的匿名性,相关责任人很难被绳之以法,所以新的加密货币骗局仍然在不断涌现。区块链技术是一种新型的交易记录方式,可以将交易数据分块并按时间顺序串联起来,其数据管理不依赖于任何单个的实体组织,而是由网络上的一大群计算机共同负责。每个数据"块"都使用密文技术加密以确保安全性，并且块与块之间是彼此绑定的。比特币的区块链是公开和可验证的，这意味着任何人都可以检查所有的历史交易。虽然每个交易参与者都对应着一个公开的比特币地址，但是没有人知道背后参与人的真实姓名或具体住址。分散化和匿名是加密货币交易运行的关键。

常见的加密货币骗局包括拉高抛售式 ICO 和庞氏骗局。为了吸引投资者并拉高价格，诈骗者经常在新加密货币上市时进行欺骗性买卖，让投资者看到无比巨大但实际上不可持续的潜在收益。创建者的匿名性使得这些诈骗者能够全身而退，并携款潜逃。

2018 年 5 月，《华尔街日报》记者对 1450 个 ICO 进行了调查，发现其中的 19% 存在"危险信号"。对于那些有问题的 ICO，他们认为有 271 家使用了"欺骗性甚至诈骗性质的伎俩"，包括虚假的保证收益、畸高的收益率和伪造的名人代言。许多宣传材料使用了抄袭的文字，并使用从股票行业摄影素材库剽窃来的照片，谎称其中的人物是自己的团队成员或投资者。

案例分析：比特连接 20 亿美元加密货币诈骗案

比特连接案是迄今为止最大的加密货币诈骗案，给投资者造成了超过 20 亿美元的损失。它搭上了 2017 年爆发的加密货币热潮的顺风车。比特连接网站建立于 2016 年，声称自己的目标是成为世界上第一个基于比特币的 P2P 借贷平台，允许用户自由借出自己的比特币并赚取利息。但要参与该业务，投资者需要先将自己的比特币转移到他们的比特连接账户上，并将其转换为比特连接币。比特币是无法追踪的，这使得比特连接的创始人得以保持匿名。在顶峰时期，比特连接的市值达到了

26 亿美元, 比特连接币的单价则超过了 400 美元。

比特连接的案例与其他常见的金融诈骗, 尤其是庞氏骗局有一些共同的特点。

▼ 承诺畸高的收益。保证基本收益水平高达每天 1% 或每月 40%。组织者还向投资者承诺, 根据初始投资规模, 每天还可获得 0.10% ～ 0.25% 的额外收益。简单用脑子想一想就能明白该承诺收益的荒谬性。按照这样的收益率, 只要 1000 美元的初始投资, 投资者就能在 3 年不到的时间里积累 5000 万美元。

▼ 声称拥有一个投资收益率能够超过市场指数很多倍的交易机器人, 使用了某种先进算法, 可以自动执行买卖指令。推广者声称比特连接拥有"交易机器人和波动率软件"的专利权, 该机器人负责实现比特连接向投资者承诺的巨额收益。

▼ 撤回投资本金的困难。投资者不能随时撤资。根据初始投资, 比特连接承诺会在 120 ～ 299 天内偿还投资本金。在此之前, 资金一直会处于冻结状态。但比特连接的创始人承诺, 如果投资者增加投资, 就可以更快地收回资金。

▼ 使用多层级销售网络招募新的投资者。如果投资者愿意帮忙推广比特连接, 招募新投资者(下线)加入并投资于比特连接, 可以获得"更高的利润"。高层营销人员会向潜在投资者展示屏幕截图, 证明比特连接给他们带来了高额的"利润", 以达到推广公司的效果。事实上, 这些利润都来自被招募的新下线, 而不是所谓的"交易机器人和波动率软件"。

▼ 缺乏关于公司及其创始人的信息。尽管警方和监管机构一直在

努力寻找元凶，但是目前仍不清楚是谁在幕后实施了这一骗局。

▼ 网站上有多处打字和拼写错误。例如，该网站同时使用了大写字母和小写字母的比特币拼写方式，以及"交谊所"等拼写错误的单词。合法的公司通常会在网站上线前对所有内容进行拼写检查。

以太坊是一个规模更大、信誉更高的加密货币平台，其创始人维塔利克·布特林是最早发出警报的人之一。2017 年 11 月上旬，他就发表评论称比特连接可能是一个庞氏骗局。他在自己的推特上写道："如果他们提供的是每天 1% 的收益，那这就是一个庞氏骗局。"尽管有很多类似警告，比特连接的受欢迎程度仍在继续增长。除了密集的数字化营销和活动式营销，该平台还招募了许多不同层级的附属销售人员来招募新的投资者。这些人可以通过引入新投资者提升自己的等级和收益。这种方法属于典型的庞氏骗局。

最终，比特连接的迅速发展引起了监管机构的注意。2017 年 11 月，英国公司注册处警告称，如果比特连接不能提供证据来证明其合法性，就将关闭该平台。2018 年 1 月 5 日，得克萨斯州证券委员会向比特连接发布了一条"紧急命令"，要求其停止和中断运营，因为该网站有潜在的欺诈操作。该委员会随后命令比特连接在 30 天内关闭其在得克萨斯州的相关运营和比特连接币业务。1 周后，比特连接又收到了来自北卡罗来纳州证券部门的一封类似信件。2018 年 1 月 16 日，比特连接宣布将关闭其借贷和交易平台，同时冻结所有用户的账户。比特连接承诺根据之前 15 天的平均价格，即大约每比特连接币 364 美元清还所有贷款余额，但是只能以比特连接币余额支付。2018 年 1 月，比特连接在其网站发表声明如下。

我们将立即关闭贷款业务,清算所有未偿还贷款。为清算您在借贷账户中的全部活跃贷款,我们将按照 363.62 美元的价格将您的借贷账户余额转换成比特连接币账户余额。简而言之,我们将关闭借贷服务和兑换服务,比特连接网站将只保留钱包服务,并继续为新闻和教育目的而运作。

这一声明意味着投资者实际上无法收回他们的投资。在关闭的消息传出后的 1 天内,比特连接币的价格从 300 美元暴跌至 8 美元,跌幅达97%。比特连接币在之后一段时间仍然在其他一些交易所继续交易,直到 2018 年 8 月有关部门将其从全球所有交易所摘牌为止。比特连接币的最后交易价格为 0.68 美元,意味着该虚拟资产实际上已经一文不值。据估计,大约有 150 万人在比特连接案中遭受了损失。

这些突然性的损失导致了大量以违反证券销售法和欺诈为由寻求赔偿的诉讼。2018 年 10 月,一群受害者向美国佛罗里达南区的地区法院提起了集体诉讼。被告名单包含了谷歌旗下的视频共享平台 You Tube,因为其允许比特连接推广者发布了超过 7 万小时的相关宣传内容。

这起诈骗案共有大约 40 名被告被起诉,其中包括于 2018 年 8 月被逮捕的比特连接印度负责人迪耶什·达尔吉。2019 年 1 月初,澳大利亚人约翰·比格顿收到了旅行禁令。根据澳大利亚证券投资委员会的要求,美国联邦法院冻结了他的资产。据报道,比格顿是比特连接在澳大利亚的传销头目之一。澳大利亚法院还冻结了比格顿妻子名下的 JBS 投资公司的资产,原因是该公司可能与比特连接有关联。自 2018 年 3 月开始,她一直下落不明,这个时点也恰好是对比特连接的调查开始的时候。但美国联邦调查局并不认为比加顿与他妻子的失踪有任何关系。

比特连接案迄今为止仍然充满了神秘。谁是策划了该骗局的幕后黑手，以及受害者的确切人数有多少都仍不清楚。到目前为止，美国联邦调查局的行动主要集中在清查相关传销网站上。但在某些情况下，销售人员可能并不知道该骗局的欺诈本质。2019年2月，美国联邦调查局还发表了一份公开呼吁，以找到更多比特连接案的受害者。

"欺诈是贪婪的产物。"

——约翰·格兰特

骗局 4
在线平台诈骗
在线平台诈骗是如何运作的

互联网的出现为其使用者提供了一个全球性的通信和营销舞台，但很多犯罪分子也发现了其中的好处。互联网对于诈骗者和欺诈者来说是一个绝好的环境，能让他们拥有在世界任何地方进行匿名操作的能力。利用互联网进行欺诈性在线投资服务的案例日益增多，其常见迹象是收到不请自来并且好得令人难以置信的投资邀请，发布渠道包括但不限于电子邮件、选股网站或投资者论坛等。

来自中国互联网金融行业的案例表明，网络欺诈没有国界。由于资本市场发展较晚，中国的普通民众和小企业面临着融资难的困境。这引发了对替代融资方法和途径的巨大需求，于是中国政府开始鼓励更广泛地使用相关技术，将金融服务的提供范围扩大到小型借贷者。与此同时，中国的互联网用户数量也处于快速增长之中。从2008年开始，中国的网民数量已经世界第一，约有7.72亿活跃用户。这些情况和条件共同促成了互联网金融和线上投资解决方案蓬勃发展的浪潮。互联网金融包括 P2P 借贷平台、第三方在线支付、在线资产管理、在线保险和众筹等业务形式。

尽管互联网金融的快速发展为部分投资者和借款人提供了极大的方便，但这种繁荣也有代价。宽松的监管很容易转化为更低的进入门槛，从而使欺诈和骗局得以出现和发展。随着互联网金融行业的兴起，中国出现了历史上规模最大的一批投资欺诈案。仅 2016 年，中国互联网金融犯罪受害者的人均损失就达到了 1400 美元。对于当时人均 GDP 仅略高于 8000 美元的中国来说，这是相当可观的一笔钱。而且受害者往往来自受教育程度和收入水平较低的农村地区。

最成问题的业务是 P2P 平台。自 2007 年首次在中国出现起，它的受欢迎程度急剧增长。中国政府和大型科技公司将这些平台视为创新性的金融工具。2012 ～ 2015 年，中国的 P2P 平台数量增长了 18 倍。在同一时期，总成交额增加了约 40 倍。该行业在 2015 年底达到顶峰，当时有 3300 多个平台在同时运营。自 2016 年 8 月以来，中国金融监管机构发布了一系列新的监管规则，以遏制市值 930 亿美元的 P2P 平台的野蛮发展。在之前宽松的监管环境下，一些 P2P 平台从个人投资者那里募集了大量资金，但最终无力偿还，还有一些 P2P 平台因为挪用投资者资金而违约。

中国金融监管机构为了加强监管，除了采用一些常规措施之外，还要求每个 P2P 平台向其所在地区的金融监管机构提交一份备案文件。这本质上是实施了某种形式的许可制。中国金融监管机构还制定了其他新规则，如禁止 P2P 平台为其发放的贷款提供本金或利息担保，以清理充斥着超高利率、不当营销和非法集资行为的小额贷款行业。

中国金融监管机构清查欺诈性骗局的行动一直在持续。截至 2018 年 6 月底，中国 6000 多个已启动的 P2P 平台中只剩下 1836 个仍在运行，这意味着监管机构认为超过 4000 个平台存在问题，并关闭了它们。

案例分析：钱宝 110 亿美元在线平台诈骗案

2012 年，张小雷推出了在线金融平台钱宝。该平台承诺向投资者提供高达每年 80% 的收益率，只要他们在该平台上存入的资金达到了要求的数额，并参与产品推广活动，如观看广告、在社交媒体上分享产品信息，或者每天登录自己的钱宝账户。

钱宝还向投资者承诺，存得越多收益就越高。它提供高达每天 1000 元的奖金，只要投资人的余额在 100 万元以上并在钱宝的应用软件上每天登录便可领取。2017 年底，钱宝每天都能吸引 200 万新用户注册。许多投资者甚至从银行或在线小额贷款机构借入大量资金投资钱宝，目的是利用银行与钱宝之间的利差获利。

钱宝营造出一副与政府关系密切的形象，提高了它的名声。张小雷曾出现在官方电视台和政府的官方节目中，并赞助南京马拉松和西甲足球俱乐部皇家社会队。张小雷还曾出现在官方报纸上，并将钱宝鼓吹为"一个独特的生态系统"，能帮助小企业在网上推广它们的产品。钱宝投资组合中的许多公司都是张小雷的关联公司，业务记录也很差。张小雷名下有 80 家公司，他的妻子名下也有 6 家。

钱宝几乎没有通过任何实际业务赚取利润，以满足向投资者承诺的高额收益率。该平台自称在从化工厂到酿酒厂的各种产业中都有投资，但实际上它主要利用从新投资者那里筹集的资金向老投资者支付收益。有几位投资者事后说，他们没有预料到钱宝的垮台，因为该平台总是按时付款，有时甚至提前付款。但这些投资者收益本质上是"纸面上"的利润，因为它们只是以数字形式出现在钱宝账户上。只要投资者不提取这些"利润"，钱宝不需要支付任何资金。早期支付利息只是增加投资者信心的一种策略。

张小雷在 2017 年 12 月向警方自首，因为他再也找不到足够的新现金来偿还债务，这个骗局正在瓦解。张小雷在南京警方发布的一份手写声明中说："我从新投资者那里骗钱来支付老投资者。"他还补充道："我无力偿还本金和利息，我对投资者的损失感到非常抱歉。"张小雷自首后第二天，中国人民银行南京分行命令江苏省所有商业银行进行内部检查，调查所有与钱宝及其附属公司相关的潜在信贷交易。2018 年 1 月，相关部门以非法挪用公款罪逮捕了张小雷和其他 11 名嫌疑人。后来他被指控非法集资 700 亿元。钱宝是中国历史上最大的线上庞氏骗局。

> "这表明了一个现实，许多中国人仍然感觉缺钱，并在疯狂地追逐着各种高收益投资渠道。"
>
> ——李超

骗局 5

贵金属诈骗

贵金属诈骗有哪些形式

合法的贵金属投资可以通过几种常见形式来完成，包括投资金币、金条及黄金开采公司的股票。除了黄金以外，贵金属还包括银、钯和铂。作为有实物的投资品种，它们在金融市场上被归类为大宗商品，这使它们有别于股票和债券等传统投资。贵金属还被归类为另类投资，在某些时候表现会优于与之对应的传统投资。将贵金属纳入投资组合可能会提升后者的整体表现，但是它们的价格也存在大幅波动的可能性。

许多个人投资者对贵金属市场并不熟悉，可能无法认识到其中的风险。因此，他们有可能成为欺诈性投资或交易的受害者。例如，有人可能会告诉这些投资者，他们可以提供一个绝好的贵金属投资渠道，只需要支付交易全款的一小部分，如 15% ~ 25%，其余部分将由卖方公司安排的贷款提供资金。实际上，对方既没有购买贵金属，也没有贷款，但仍然会要求投资者为这些虚假的贷款支付利息费用，并就不存在的贵金属库存收取储存费用。此外，如果贵金属市场的价格波动对投资者不利，这些诈骗者还会要求投资者支付一些额外费用或追加保证金。

诈骗者会使用一些伎俩来说服投资者，如"如果你现在就买，佣金可以打个对折"或者"现在只剩下两个买入名额，亚洲市场马上就要开盘了，所以今天就签约吧"。这些都是明显的危险信号。如果某个不知名的卖方主动发起联系，投资者就应该谨慎对待，尤其是当该卖方声称他们的贵金属交易可以不受商品期货交易委员会和全国期货协会监管的时候。

案例分析：西北地区造币厂 2500 万美元贵金属诈骗案

西北地区造币厂是一家美国公司，经营奖章、硬币和其他奖品的铸造业务，也经营黄金、白银和其他贵金属的销售、购买、交换、储存和租赁业务。2002 年，该公司将总部搬到了华盛顿。2009 年，西北地区造币厂收购了奖章艺术公司，后者是美国最大的奖章生产商之一，在内华达州有一个大型铸造工厂。奖章艺术公司曾为普利策奖、总统就职典礼官方奖章等多个著名活动铸造奖品。西北地区造币厂则承担过美国荣誉勋章的铸造工作，该勋章是美国对爱国英勇行为的最高奖励。

伯纳德·罗斯·汉森是西北地区造币厂的所有者兼首席执行官，他曾在业内备受尊敬。2011年，他曾在众议院金融服务委员会下属的国内货币政策和技术委员会作证，建议改变美国铸币局的金条铸造政策。他也曾经与警方发生过严重的冲突。根据《西雅图时报》1995年的一篇文章，警方曾在1989年逮捕过汉森。在一次大规模的毒品搜查中，警方偶然发现了价值60万美元的贵金属，据称是一名毒贩从汉森手上购得的。检方并未在该案中对汉森提起指控，因为相关证据存在一些漏洞，使他们无法证明汉森出售贵金属的行为触犯了法律。汉森还曾被指控"未履行联邦税收报告要求"和非法持有枪支，并在认罪后服刑了3年。

西北地区造币厂的金条业务部门通过网站、电话和位于华盛顿联邦大道的陈列室从事贵金属出售业务，但它没有在美国商品期货交易委员会注册。西北地区造币厂于2016年4月申请破产。在提交破产申请时，西北地区造币厂是美国最大的私人造币厂，在6个州拥有240名员工。在破产前，汉森和他的长期女友、保险库经理黛安娜·艾德曼经营了一个庞氏骗局。从2012年起，由于西北地区造币厂缺乏足够的金条来满足客户的订单，他们开始用新客户的钱偿还以前的客户。超过3000名西北地区造币厂的客户为订单付了款或将出售金条的款项存放在了西北地区造币厂，这些受害者在该骗局中共损失了2500多万美元。

这对情侣设法从其他各方骗走了1100万美元。超过50名在西北地区造币厂储存黄金的人发现他们价值490万美元的全部或部分黄金下落不明。这对情侣还欺骗20名客户参加了一个超过500万美元的虚假租赁项目。这些欺诈行为总共造成的损失超过了3600万美元。到目前为止，西北地区造币厂的客户已经提出了超过 3000 项债权人索赔申请，总计金额近 7250 万美元，因为这些客户没有收到他们已经付款购买的贵金属。

除了这些欺诈以外，这对情侣还向客户谎报了贵金属订单的发货时间，并用客户的钱来支付个人费用。2012 ～ 2017 年，这对情侣挪用了超过 200 万美元的客户资金用于个人消费。2016 年 3 月至 2017 年 6 月，艾德曼擅自卖出了价值超过 70 万美元的贵金属，其中包括金银锭，并将所得收益用于汉森和自己的挥霍。

2018 年 4 月，美国联邦调查局对汉森和艾德曼提出了 20 项联邦重罪指控。起诉书中包含 10 项欺诈指控，包括邮件欺诈和电报欺诈，每项指控的处罚最高达 20 年监禁。

骗局 6

顶级银行诈骗

典型的顶级银行诈骗是什么样的

顶级银行诈骗的策划者会谎称能为投资者提供参与精妙复杂的投资项目的机会，这些投资项目通常只对顶级金融机构、金融家和超级富豪开放。诈骗者承诺的收益率可能高达每月 20% ～ 200%，还可能声称有世界银行、国际货币基金组织或央行等机构来为这些投资项目提供发行、交易和担保服务。相关宣传材料会声称投资者将要获得的高收益是有保证的，几乎没有风险。诈骗者常常暗示这些投资项目是专供给富人赚钱的"秘密途径"。

相关宣传材料中流露的诈骗痕迹通常包括以下内容。

▼ 宣称可以在短时间内获得极高的收益。

▼ 保证收益和本金。

▼ 没有风险。

▼ 由知名机构出具担保。

▼ 要求受害者签署保密协议。

▼ 充斥着复杂的"官方术语",如备用信用证、银行担保、世界银行主要金融工具、私人融资项目、离岸交易计划和高收益滚动计划等。

▼ 声称交易过程发生在国外。诈骗者会通过这种方式诱使投资者将钱汇到一家外国银行,但这些钱最终会被转移到一些由诈骗者控制的离岸账户上。

美国证券交易委员会曾发出警示,每个自称"顶级银行投资项目"的金融工具都是诈骗。这些金融工具和它们交易的市场都不存在。

案例分析:荷兰亿万富翁和1亿欧元顶级银行诈骗案

奥西斯公司是一家总部位于瑞士的公司,从事管道安装、重型起重机和海底施工等业务。该公司于1985年由荷兰亿万富翁爱德华·海莱马创立,拥有3000名员工,业务遍及全球。奥西斯公司计划筹建的"开拓精神号"将成为世界上最大的工程船,可以在水深2.5英里[⊖]的水域中安装最重的离岸管道。

2011年,奥西斯公司想要筹集资金来建造这艘"开拓精神号"。奥西斯公司有1亿欧元的现金,但要建造这艘足以拆卸大型石油钻塔的船只还需要更多的钱。该公司咨询各家金融机构,想知道如何最快地让这

⊖ 1英里≈1609.34米。

笔现金增值。一位名叫保罗·苏丹纳的银行家站了出来，声称他的叔叔是教皇的秘书，且他可以联系美联储。苏丹纳向奥西斯公司的代表承诺，可以在 30 天内帮他们将投资翻倍，并在 3 年内获得 12 亿欧元的收益。苏丹纳建议将这笔钱转到马耳他进行投资。随后奥西斯公司的代表见到了马雷克·雷尼亚克，后者声称自己是有权授权该秘密交易的 6 名美国联邦特工之一。

雷尼亚克建议奥克斯公司聘请路易斯·诺布雷，一位与美联储有联系的银行家。诺布雷声称自己可以通过西班牙皇室成员，联系到一家与梵蒂冈有密切关系的"秘密而赚钱"的交易平台。诺布雷自称是 LARN 公司和 ERBON 资产管理公司的总裁，这两家公司的注册地址都是位于伦敦市中心的哈利街和马里波恩的专用地址。诺布雷让人一眼看上去就像一个富有的商人，拥有与之相称的生活方式：住五星级酒店，配私人保镖，上高级餐厅，穿奢华服饰。

奥西斯公司将自己的 1 亿欧元转账给了雷尼亚克位于马耳他的公司。雷尼亚克一收到钱，就将其转到了 LARN 公司在伦敦的账户。钱一到伦敦，诺布雷就开始花钱。3 天内，他进行了 40 笔转账，总计 1600 万欧元。据称，他将部分赃款转到了瑞士、新加坡和塞浦路斯的银行账户进行洗钱。

由于对交易的性质越来越怀疑，巴克莱银行冻结了该账户，此时账户中还剩下 8800 万欧元。最初的 1 亿欧元中，有 1200 万欧元已经不见了。诺布雷用这笔钱过着奢华的生活，还偿还了一些债务。

警方于 2011 年逮捕了诺布雷。2016 年，陪审团裁定他犯有 1 项非法获取财产罪、5 项非法转移财产罪和 3 项拥有用于诈骗的物品罪。最终诺布雷被判处了 14 年监禁。"首犯"雷尼亚克仍然在逃。由于证据不足，检察机关没有对苏丹纳提起诉讼。后来，奥西斯公司在民事法庭起诉了雷尼亚克、苏丹纳和诺布雷。2018 年 6 月，法院在重审中发现苏丹纳犯有共谋欺诈罪，判处他 8 年监禁。一些人认为这是英国历史上最大的非公诉诈骗案件。海莱马后来对英国《金融时报》的一名记者说："这很奇怪，但它最初是以一种非常精明的方式呈现给我们的。我们是被一群非常精明的人骗了。你总是能听到关于诈骗者的事迹，对吧？但他们是有魅力的人，知道如何说服别人。事后你才会说'上帝啊，我当初为何那么傻'。"

> "谁会相信一个诈骗者？每个人都有可能，只要他是一个好人。"
>
> ——安迪·格里芬

骗局 7

本票诈骗

什么是本票？这种票据是如何被用于诈骗的

本票是一种类似贷款或借据的债务工具，是公司为筹集资金发行的票据。一般来说，投资者把钱借给发行票据的公司一段时间，换取包括本金和利息在内的固定投资收益。老练的投资者会购买一些合法的本票，因为他们自己有能力进行相关研究，以确定这笔交易是否划算。

虽然本票可以是合法的投资，但是那些被大量推销给个人投资者的票据往往是欺诈性的。发起人通常会雇佣一些没有证券销售许可证的人员，并用极高的销售佣金激励他们去出售这些票据。在高额佣金刺激下，销售人员会不假思索地宣传发行人或推销人提供给他们的任何信息，而不会进行充分的调查或核实。一些本票欺诈的危险信号如下。

▼ 极高的收益率，有时甚至能达到两位数。最好将票据的承诺收
  益率和市场上类似的固定收益投资的收益率进行比较，如长期
  国债或联邦保险公司承保的存单。

▼ 无风险、有保险或有保证的收益。

▼ 要求将投资"展期"至下一个期限，而不是直接支付本金和利息。

合法的本票通常必须在美国证券交易委员会登记，卖方必须获得
适当的证券销售许可。然而，尽管看起来也是有价证券，但是许多本票
是由未注册的个人非法发行的。诈骗者经常雇用保险代理人作为销售人
员，因为要利用他们手上的客户资源。票据及其销售商的资质可以很容
易地通过联系国家证券监管机构进行核实。

> "绝大多数注册的金融专业人士都是值得信赖的诚实正直的人。
> 不幸的是，有一些不是。"

——美国金融业监管局

案例分析：成功贸易证券公司1400万美元本票诈骗案

成功贸易证券公司的首席执行官兼所有者福阿德·艾哈迈德向投资
者暗示，该公司将通过出售本票筹资500万美元。他承诺其中大多数票
据将在3年内支付12.5%的年利率，还有一部分票据的利率高达26%。
上当的投资者中许多都是美国橄榄球联盟和美国国家篮球协会的现任或
前任球员。据雅虎体育的报道，贾德私人财富管理公司是其中许多球员
的证券经纪商，该公司向其客户推荐了成功贸易证券公司，并从中抽取
回扣。

承诺如此之高的收益率是不现实的，而且成功贸易证券公司并没有

将募集的资金用于预先宣传的目的。2013 年 4 月，美国金融业监管局起诉了成功贸易证券公司和福阿德·艾哈迈德，控告他在其母公司发行的本票销售中涉嫌欺诈。2009 年 2 月至 2013 年 3 月，艾哈迈德和成功贸易证券公司向投资者累计出售了价值 1940 万美元的本票，这些票据是以其母公司成功投资有限公司的名义发行的。

许多球员并没有多少投资经验，都是大学毕业后刚刚开始自己的职业生涯。根据成功贸易证券公司的经纪商吉纳什·霍奇·布拉姆哈特所言，之所以将目标对准这些人，是因为他们虽然即将成为高薪人士，但是几乎没人有过高收入的经验。布拉姆哈特运营的贾德私人财富管理公司是一家总部位于弗吉尼亚州的注册投资咨询公司，专门为职业运动员提供咨询服务。

艾哈迈德和其经纪商故意歪曲或遗漏了一些重要的事实，这些事实可能会暴露出该公司糟糕的财务状况。美国金融业监管局的报告称，艾哈迈德将部分卖给投资者的本票所得用于支付之前投资者票据利息，这是一个典型的庞氏骗局。此外，他还用这笔钱来支付自己的个人开销，并向自己的兄弟提供了 82 000 美元的无息贷款。

包括许多职业运动员在内的 65 名投资者共购买了 152 张本票，面值从 6500 美元到 100 万美元不等。成功贸易证券公司只偿付了其中 6 名投资者。2014 年 6 月，美国金融业监管局命令艾哈迈德向剩余 59 名投资者支付约 1370 万美元的赔偿，还判罚布拉姆哈特终身不得参与任何投资活动。根据美国金融业监管局的公告，作为票据发行公司为其支付运营费用的交换条件，布拉姆哈特和贾德私人财富管理公司的雇员向投资者出售欺骗性票据。在此过程中，成功贸易证券公司向贾德私人财富管理公司提供了 125 万美元的贷款。

艾哈迈德承认，其母公司在最近14年中几乎每年都在亏损，只有1年除外。他还就将如何使用募集的资金误导投资者，声称这些资金将用于促进和建立成功贸易证券公司的相关业务。与此相反，艾哈迈德将这些钱用于了个人开销，或用于向现有票据持有人支付利息来维持庞氏骗局。

为保护投资者的隐私，美国金融业监管局在报告中仅使用了他们的姓名首字母来作为代号。迈阿密海豚队的防守端球员杰瑞德·奥德利克是唯一一个公开实名向美国金融业监管局起诉成功贸易证券公司、艾哈迈德和布拉姆哈特的。代表奥德利克起诉成功贸易证券公司和贾德私人财富管理公司的律师杰夫表示："美国的运动员面临的最大问题是私募投资亏损，这些投资往往都没有在美国证券交易委员会登记。运动员或者说任何个人都有义务了解自己的投资对象并进行必要的研究，只有这样才能够保护自己的资金。"

本章要点

为了防止投资欺诈，各政府机构和自律组织每年都要投入高达数百万美元的资金，并且雇用大量人手。但正如前面的案例显示的那样，还有许多工作需要完成。犯罪分子使用越来越复杂的技术从投资者手中骗走他们的钱。网络的发展催生了新型的欺诈和骗局，它们变得越来越普遍，也越来越难以识别。保护自己的最好方法就是成为一个精明的投资者。一些建议如下。

▼ 对那些听起来好得不真实的承诺要小心。对那些承诺高收益且几乎没有风险的投资机会要持怀疑态度。没有风险但有两位数

收益的投资是不存在的。

▼ 对于那些主动提供投资机会的电话，尤其是那些来自未知和未注册公司的电话，要持怀疑态度。永远要检查任何向你推销投资产品的人的资历，即使这个人是你认识的人。

▼ 不要在任何人的压迫下做出有关金钱的决定。

▼ 不要轻易把个人信息泄露给主动联系你的人。

▼ 小心那些向你提供"秘密机会"的人。